JANINE KUNZE

Unter Mitarbeit von Helena Becks

LIEBLING,
ICH HABE DIE
KINDER
VERSCHENKT!

Wie wir den Familienwahnsinn
als Paar überstehen

BASTEI
LÜBBE
TASCHENBUCH

BASTEI LÜBBE TASCHENBUCH
Band 61018

Dieser Titel ist auch als E-Book erschienen

Originalausgabe

Copyright © 2018 by Bastei Lübbe AG, Köln
Lektorat: Angela Kuepper
Fotos Innenteil, Klappen: © Janine Kunze privat, © Guido Schröder
Titelfoto: © Guido Schröder, Köln
Umschlaggestaltung: Manuela Städele-Monverde
Satz: hanseatenSatz-bremen, Bremen
Gesetzt aus der Minion Pro
Druck und Verarbeitung: CPI books GmbH, Leck – Germany
ISBN 978-3-404-61018-1

2   4   5   3

Sie finden uns im Internet unter
www.luebbe.de
Bitte beachten Sie auch: www.lesejury.de

Für meine Familie

Inhalt

Vorwort

»Vor dem Anbeginn der Zeit war das Chaos, ein gähnender Schlund ohne Anfang und ohne Ende. Es bestand aus finsteren Nebeln, in denen schon die Urbestandteile allen Lebens lagen: Erde, Wasser, Feuer und Luft.«

Ja, liebe Leserinnen und Leser, schon die alten Griechen wussten:
Am Anfang stand das Chaos, und daraus entstand die Welt …
… und die Familie.

Seien wir ehrlich: Wer kennt sie nicht? Diese Titanen der Erziehung, Übermütter und Überväter, bei denen nach außen hin alles geplant und ordentlich verläuft? Bei denen nicht das Chaos regiert? Die immer alles richtig machen? Die Familien, in denen es nie Probleme gibt?

Die drei Kinder sind die besten in der Schule, machen gar kein Theater. Diskussionen um »Wer mit dem Hund geht« gibt es nicht, und die Partnerschaft läuft super. Sexuell ist alles ganz weit vorne. Man hat regelmäßig Sex. Alle essen nur gesund, und überhaupt – das Leben ist die reinste Zuckerwatte.

Ja …

Ich kenne diese Übereltern. Und ich sage Ihnen: Ich glaube denen kein Wort. Ich glaube, es ist normal, dass wir alle mal Stress miteinander haben und dass nicht immer alles so rund läuft.

Und wissen Sie was? Das ist auch gut so.

Wir müssen uns aneinander reiben, wir müssen uns austauschen, wir müssen unterschiedlicher Meinung sein, um aneinander zu wachsen. Wir müssen diskutieren, und wir müssen jeder um unseren Platz in der Familie kämpfen.

Das Ganze kann furchtbar viel Spaß machen, wenn man es positiv sieht.

Keine Angst, liebe Leser. Ratgeber im Sinne von »Das ist gut« und »Das ist schlecht« haben wir sicherlich mehr als genug. Und glauben Sie mir, als Ratgeber wäre ich sicherlich nicht sehr gut. Aber vielleicht gelingt es mir mit meinem kleinen Buch, Sie mal in mein kleines Chaos, in meine kleine Familienwelt zu entführen, Ihnen zu erzählen, wie unser Chaos mal mehr, mal weniger gut funktioniert und Ihnen so vielleicht ein kleines Lächeln ins Gesicht zu zaubern.

Und vielleicht gelingt es mir sogar doch, Ihnen ein paar Tipps und Tricks mit auf den Weg zu geben, die nicht alles besser machen, Sie aber eventuell ein klein wenig ablenken und Ihnen das Gefühl geben: »Hey! Wir sind nicht allein!«

Jede Familie hat ihre eigenen Regeln, ihre Eigendynamik, und jeder Vater und jede Mutter hat mit Sicherheit auch eine eigene Vorstellung und Denkweise vom idealen Vater- bzw. Muttersein. Und auch die Kinder haben ihre eigenen Vorstellungen, und die wollen sie auch durchsetzen. Und glauben Sie mir: Das ist nicht immer einfach und stimmt mit denen von uns Eltern meist nicht überein. Anstrengend.

Und dann gibt es ja auch noch etwas: Paarsein.

Ja, Sie haben richtig gelesen. Paarsein. Denn das wird sehr, sehr oft vergessen. Durch das Mama- und Papa-Dasein verändert sich alles, und – machen wir uns nichts vor – nicht immer nur zum Guten. Denn der Spagat zwischen Mutter und Partnerin und Vater und Partnersein ist mit Sicherheit nicht immer leicht. Wir müssen versorgen, Vorbilder sein. Wir sind die wichtigsten Bezugspersonen unserer Engel und wollen eigentlich immer alles perfekt machen und gehen mit den allerbesten Vorsätzen in das Projekt Elternsein. Wir wollen alles richtig machen, und dann geht doch so viel daneben. Und der Partner bleibt dabei auch oft auf der Strecke.

Auch ich habe mir, wie Sie sicherlich auch, viele Gedanken gemacht. Wie kann ich am besten agieren? Wie kann ich alles richtig machen? Und vor allen Dingen: Wie kann ich dabei, wenn ich eine gute Mutter bin, auch noch eine tolle Partnerin sein?

Glauben Sie mir, auch ich war schon oft in der Situation, dass ich gemerkt habe: So ganz funktioniert das nicht immer. Einer bleibt meistens auf der Strecke und fühlt sich vernachlässigt, und sehr, sehr oft ist das der Partner.

Für uns als Partner ist es nicht immer einfach, die Veränderung zu verstehen, anzunehmen und zu akzeptieren. Oft fühlen wir uns vernachlässigt und vergessen vielleicht, dass wir eigentlich alle nur eins wollen: ein glückliches Familienleben und dass alle happy sind – inklusive Haustier.

Und ist es nicht manchmal auch ganz schön, sich hinten anzustellen, um den anderen den Vortritt zu lassen? Vor allem, wenn es um die Familie geht? Das Leben ist ein steter Neuanfang. Veränderung und Dazulernen. Und ist das nicht wundervoll?

Cesare Pavese hat einmal gesagt: »Es ist schön zu leben, weil leben anfangen ist, immer, in jedem Augenblick.«

Und genauso sehe ich das auch.

Lassen Sie uns immer wieder neu anfangen und uns gegenseitig annehmen und akzeptieren. Wir sind alle anders, und das ist auch verdammt gut so.

Lassen Sie uns versuchen, voller Liebe und Glück auch die durchaus anstrengenden Zeiten anzunehmen und den Blick für das Wesentliche niemals zu verlieren.

Lassen Sie uns Spaß haben am Familienalltag, den Fehlern, die wir machen, den Fehlern des anderen, der Familie, dem einzelnen Kind und dem Partner.

Egal, wie sehr uns manchmal alles auf den Keks geht und wir uns wünschen würden, dass wir mal für zehn Minuten ganz weit weg sein könnten, so sollten wir trotz der Überväter und Übermütter nie vergessen: Im Grunde geht es allen gleich. Es ist niemals alles perfekt, und das sollte es auch gar nicht sein. Denn wachsen wir nicht an den Konflikten und auch an den Streitereien und den manchmal anstrengenden Situationen und Reibereien? Manchmal sind es doch gerade die kleinen und auch anstrengenden Dinge, die das Leben wirklich lebenswert und besonders machen. Die kleinen Dinge, die zu einem Gespräch führen oder uns sogar manchmal dazu zwingen und die sich nachher doch als wegweisend und lösend herausstellen.

Was haben wir mit unseren Kindern und unserem Partner nicht vielleicht später schon über diese Streitereien gelacht, wenn wir uns ausgetauscht haben, und was haben wir nicht auch voneinander gelernt.

Lassen Sie uns Spaß haben am Familienleben, am Chaos, am Lautsein, am Schreien, an diesen Dingen, die nicht funktionieren, denn die machen uns aus. Uns als Familie. Uns als Vater, als Mutter, als Kind und auch als Paar.

Lassen Sie uns versuchen, Freude zu empfinden an den Dingen, die schiefgehen. An den Situationen, die völlig nach hinten losgehen. Die uns aber gerade im Nachhinein so viel freudige Momente, so großes Lachen bescheren.

Und die Erkenntnis, dass wir genau dieses Chaos lieben und dass wir uns lieben. Dass wir genau das wollen, das chaotische Familienleben miteinander. Gerade das Unperfekte ist oft das Perfekte.

Ich wünsche Ihnen viel Spaß beim Lesen meines Buches.

1

Der schönste Wahnsinn oder: »Hast du mir neue Schaumlotion mitgebracht?«

Hingebungsvoll beiße ich in meinen Vollkornbagel, der mit Käse und Tomaten belegt ist. Zum Glück habe ich gerade eine kurze Drehpause, die ich nutzen kann, um mich am Buffet zu bedienen. Heute ist wieder einer dieser Tage, an denen alles drunter und drüber geht. Eine Horde Kindergartenkinder, die über das Außengelände hüpft, das eigentlich leer sein sollte. Diverse Special-Effects, die nicht ganz so funktionieren wie erhofft. Ein Flugzeug, das genau im Moment der Aufnahme vorbeifliegt und damit zuverlässig sämtliche Dialoge übertönt.

Nach den ganzen unvorhergesehenen Zwischenfällen ist das Zeitraster so eng, dass jemand vom Team in Erwägung gezogen hat, mich auf die Toilette zu verfolgen, um weitere Zeit einzusparen. Keine Chance. Zumindest aufs stille Örtchen gehe ich noch alleine.

Ich liebe meine Arbeit, und ich genieße die Abwechslung, die sie mir bietet, aber heute kann ich es kaum erwarten, wieder bei meiner Familie zu sein. Manche Tage sind einfach so stressig, dass ich das Gefühl habe, gar nicht zu Atem zu kommen. Ich kann gar nicht sagen, wie sehr ich mich auf zu Hause freue. Meine persönliche Oase der Harmonie. Mein Mann, unsere drei Kinder und – nicht zu vergessen – der Familienhund. Egal, wie fordernd der Tag war: Der Gedanke an meine Lieben zaubert mir zuverlässig ein Lächeln ins Gesicht.

Nach Drehschluss erledige ich ein paar Dinge, dann ist endlich Familienzeit angesagt. Schon während ich den Wagen in der Einfahrt abstelle, höre ich aus der Oase der Harmonie Türknallen und wildes Gekläffe. Geschickt raffe ich die Einkäufe aus dem Kofferraum und schwanke mit diversen Tüten und Taschen behängt zur Haustür.

Bevor ich die Sachen abstellen muss, wird die Tür aufgerissen. Vermutlich hat die Familie bereits ungeduldig auf mein Erscheinen gewartet und gespürt, wie sehr ich ihrer Unterstützung bedarf. Da besteht eine geradezu magische Verbindung zwischen uns, ganz sicher.

Ich lächle froh und bereite mich darauf vor, meine Liebsten in die Arme zu schließen.

»Hast du mir neue Schaumlotion mitgebracht?«

Mein Lächeln verliert ein wenig an Strahlkraft. Eigentlich hatte ich auf eine Begrüßung meiner großen Tochter gehofft, die vor mir im Türrahmen steht und mich abwartend mustert. Andererseits kann ich froh sein, dass sie überhaupt Notiz von mir nimmt. In ihrem Alter kommen Erwachsene auf der Liste der stressigen Dinge kurz nach *Hausaufgaben* und direkt vor *Zimmer aufräumen*. Wobei ihr Ausdruck eher darauf schließen lässt, dass ich gerade unangefochtener Anführer eben erwähnter Liste bin.

»Hallo, mein Schatz«, erwidere ich freundlich. Wie heißt es so schön? *Wenn du lächelst, lächelt die Welt zurück.* »Ich freue mich, dich zu sehen. Hattest du einen guten Tag?«

Die Älteste zuckt mit den Schultern und schenkt mir ein angedeutetes Lächeln. »Hi, Mama«, grüßt sie dann doch. »War ganz okay heute. Was ist jetzt mit der Schaumlotion?«

Statt mir einen Teil meines Gepäcks abzunehmen, folgt sie mir mit verschränkten Armen und sieht zu, wie ich beladen wie ein Frachtschiff durch den Flur balanciere. Dabei versuche ich, nicht über den Hund zu stolpern, der plötzlich mit einem enthusiastischen »Wuff!« um die Ecke biegt. Der vierbeinigen Frohnatur dicht auf den Fersen folgt die Mittlere, die wie immer leise vor sich hin singt.

Mit dem Fuß stoße ich die Küchentür auf. Mein Blick fällt auf den Jüngsten, der am Tisch sitzt und meinen Auftritt stumm beobachtet. Das ist eher atypisch, normalerweise liefert er sich mit dem Hund ein Wettrennen, wer zuerst bei mir ist.

Mit letzter Kraft schaffe ich es, die Einkäufe neben den Kühlschrank und mich selbst auf einen Stuhl fallen zu lassen. Der anstrengendste Teil des Tages wäre geschafft, nun beginnt der Feierabend. Zumindest in der Theorie.

Die Große beginnt sofort mit der Durchsuchung der Taschen und fördert nach wenigen Sekunden eine rosafarbene Dose zutage. Dass sie dabei verschiedene Gewürzpäckchen, einige Bananen und diverse Äpfel auf dem Küchenboden verteilt, ignoriert sie selbstredend. Da bekommt das Wort Streuobst eine ganz neue Bedeutung.

»Cotton Candy?«, ächzt sie empört. »Bist du wahnsinnig? Da kriegt man vom Einatmen schon Diabetes! Das Zeug riecht total kotzig!«

Mit einer verächtlichen Bewegung drückt sie mir die Dose in die Hand.

»Sei nicht so dramatisch«, sage ich amüsiert. »Für dich habe ich Melone mitgebracht. Cotton Candy ist für deine Schwester.«

Während die Mittlere den Duftschaum mit einem erfreuten Quietschen entgegennimmt, wühlt die Älteste weiter in den Einkäufen. Neben der gewünschten Lotion annektiert sie ein Netz Orangen, Abschminktücher, eine Flasche stilles Wasser und eine Packung Müsliriegel und verschwindet mit ihrer Beute aus der Küche.

Die Mittlere hat währenddessen die Dose geöffnet und verteilt den duftenden Schaum auf ihren Unterarmen. In Sekundenschnelle riecht die Küche so durchdringend nach Zuckerwatte, dass sogar der Hund, der hoffnungsvoll die Einkäufe beschnuppert, irritiert den Kopf hebt.

»Ich habe heute eine Eins auf mein Gedicht bekommen«, verkündet die Mittlere stolz.

»Eine Eins? Klasse!«, freue ich mich. »Die hast du dir verdient! Warst du sehr aufgeregt?«

Die Mittlere erwidert mein Lächeln. »Nein, gar nicht. Wir haben ja viel geübt.«

Bevor ich etwas antworten kann, erreicht mich eine neue Zuckerwattenwolke. Verzweifelt bemühe ich mich um eine möglichst flache Atmung. Obwohl ich die Wortwahl der Ältesten für äußerst fragwürdig halte, komme ich nicht umhin, ihr recht zu geben. Das Zeug riecht tatsächlich kotzig.

»Willst du es noch mal hören?«, reißt mich die Quelle des Geruchs aus meinen Gedanken.

Beklommen erinnere ich mich ans vergangene Wochenende, an dem ich die Geschichte um den Ribbeckschen Birnbaum so oft gehört habe, dass es mich in den Schlaf verfolgt hat.

Ich hasse Birnen.

»Jetzt n…«, setze ich an, doch die Mittlere kennt kein Erbarmen und startet in eine neue Obst-Balladen-Runde.

»Herr von Ribbeck auf Ribbeck im Havelland … von Theodor Fontane!«, kündigt sie in einer Lautstärke an, die unmittelbar für einen stechenden Schmerz in meinen Schläfen sorgt. Mit weit ausgebreiteten Armen läuft sie durch die Küche und verteilt ihre Duftwolke bis in die hinterste Ecke.

Schicksalsergeben wende ich mich dem Jüngsten zu, der am Küchentisch vor sich hin brütet und, ganz entgegen seiner sonstigen Gewohnheit, bisher keinen Laut von sich gegeben hat.

»Hey, Großer. Was ist los?«, frage ich und wuschle ihm durch die Haare.

»Wir haben verloren«, murmelt er dumpf.

»»Junge, wiste 'ne Beer?‹«, schmettert die Mittlere.

Hektisch durchforste ich mein Gehirn. War heute ein wichtiges Spiel? Habe ich das etwa vergessen? Musste mein siebenjähriger Sohn die Niederlage ohne mütterliche Unterstützung ertragen? Eigentlich habe ich die familiären Termine gut im Griff. Dachte ich zumindest.

Beklommen suche ich im Gesicht des Jüngsten nach einem Anhaltspunkt, um herauszufinden, wie bedenklich die Situation ist.

»Verloren?«, wiederhole ich mitfühlend.

»Das Trainingsspiel. Acht gegen acht«, äußert er düster. »Der Trainer sagt, man darf nie nachlassen. Man muss das Training genauso ernst nehmen wie ein richtiges Spiel!«

Trotz der finsteren Miene des Jüngsten erfüllt mich Erleichterung. Gott sei Dank. Nichts vergessen.

Aufmunternd streiche ich ihm über den Kopf. »Dafür habt ihr das letzte Spiel gewonnen.«

»›Ich scheide nun ab. Legt mir eine Birne mit ins Grab‹«, deklamiert die Mittlere salbungsvoll.

Der Jüngste runzelt die Stirn. »Mensch, Mama!«, tadelt er unwillig. »Nach dem Spiel ist vor dem Spiel. Das sagt der Trainer immer. Das bedeutet, man soll sich nicht auf dem Erfolg ausruhen.«

»Ja. Natürlich. Da hat der Trainer recht«, versichere ich schnell. Niemals dem Trainer widersprechen – eine der wichtigsten Lektionen, wenn einem der häusliche Friede am Herzen liegt. Das gilt übrigens auch für die besten Freunde, die Eltern der besten Freunde und für Lehrer, aber nur, wenn sie sympathisch sind.

»›He is dod nu. Wer giwt uns nu 'ne Beer?‹«, schluchzt die Mittlere mit einem Oscar-reifen Zittern in der Stimme. Beeindruckend, welch Durchhaltevermögen sie an den Tag legt, um uns die Geschichte von diesem verfluchten Birnbaum nahezubringen. Zum gefühlt hundertsten Mal.

»Wo ist eigentlich euer Vater?«, erkundige ich mich und massiere mir den Nacken. Allmählich könnte ich Unterstützung gebrauchen, zumal er so früh aus dem Haus musste, dass wir uns heute noch gar nicht gesehen haben.

»Am Telefon«, erwidert der Jüngste. »Hat gesagt, es ist wichtig, und er will nicht gestört werden. Was gibt's zum Abendessen?«

»Meinen Big-Mac-Salat, nach dem ihr mich seit Tagen fragt. Aber zuerst muss ich auspacken.« Ich greife nach der Tüte mit den Tiefkühlwaren. »Ansonsten tauen mir die Sachen für die ...«

»Big-Mac-Salat?« Die Älteste erscheint mit mürrischem Gesicht im Türrahmen. In den Händen hält sie ihr Spitzentop.

Oh, oh. Das wollte ich heute Morgen vor der Arbeit reparieren, bin aber nicht dazu gekommen, weil der Hund die große Bodenvase umgeworfen hat und ich den Teppich vorm Ertrinken retten musste. Ob sie das als validen Grund akzeptiert?

»Dann dauert es ja noch ewig, bis wir essen können! Bei Nina gibt's heute Pfannkuchen. Wieso essen wir eigentlich nie was Tolles?«

Nie was Tolles? Obwohl mir klar ist, dass die Große *toll* hier im Sinne von *schnell* gebraucht, weil sie offensichtlich Hunger hat, knirsche ich mit den Zähnen. Ich bemühe mich redlich, den Essenswünschen der Familie gerecht zu werden. Oft kochen wir auch gemeinsam, was viel Spaß macht. Dass es heute dazu kommt, bezweifle ich bei der aktuellen Stimmung allerdings. Abgesehen davon sind auch Pfannkuchen nicht unbestrittener Platz eins auf der Liste *toller* Gerichte.

Bevor ich meiner Tochter lautstark mitteilen kann, was ich von ihrer Frechheit halte, betritt der Mann den Ort des Geschehens. Er drückt mich kurz an sich und gibt mir einen Kuss auf die Wange.

»Du bist spät. Langen Tag gehabt?«

»›So spendet Segen noch immer die Hand des von Ribbeck auf Ribbeck im Havelland‹«, schließt die Mittlere zufrieden.

Müde winke ich ab. Einfach mal zehn Minuten Ruhe haben. Das wär's.

»Oha. Schlecht gelaunt«, stellt der Mann fest, was unmittelbar dafür sorgt, dass meine Laune tatsächlich rapide sinkt.

»Bin ich nicht«, widerspreche ich griesgrämig, gehe einen Schritt zurück und stolpere über den Hund, der mich weiterhin wie ein Geier umkreist.

»Was ist bloß mit dem Vieh los?«, frage ich halb belustigt, halb verzweifelt, während ich mich nur durch einen beherzten Griff nach der Küchentheke vor einem Sturz bewahren kann.

»Der hat bestimmt Hunger«, kräht die Mittlere, die nach ihrem Ausflug ins Havelland wieder in der heimischen Küche angekommen ist. »Und wartet darauf, dass du mit ihm Gassi gehst.«

»Aber ich habe auch Hunger«, protestiert der Jüngste.

»Der Träger von meinem Top ist kaputt!« Mit anklagender Geste hält mir die Älteste den roten Stofffetzen entgegen. »Du hast gesagt, du würdest ihn annähen! Ich will das morgen anziehen!«

Jetzt reicht's. Die Stimmen, die sich zu einem einzigen großen Summen verdichtet haben, sind einfach zu viel. Seit ich über die Türschwelle getreten – nein, geschwankt – bin, hatte ich keine ruhige Sekunde. Sogar der Hund kennt kein Mitleid und unterstützt das allgemeine Chaos mit forderndem Bellen.

»Stopp!«, rufe ich laut. »Könntet ihr mal für eine Sekunde damit aufhören, alle gleichzeitig zu reden, sodass ich eine Chance habe, anzukommen? Ihr wisst, ich liebe euch wahnsinnig und freue mich darauf, nachher alles über euren Tag zu erfahren, aber gerade brauche ich eine Auszeit.«

Für einen Moment herrscht Stille, während mich die Familie teils irritiert, teils mitleidig mustert.

Der Mann nimmt mich fest in den Arm.

»Hund oder Essen?«, fragt er.

»Hund!«, entscheide ich spontan, was mit einem erfreuten Schwanzwedeln zur Kenntnis genommen wird. Vom Tier, nicht vom Mann selbstverständlich.

Ich schnappe mir die Leine vom Haken, werfe meinem Mann einen Luftkuss zu und verlasse die Küche. Während ich durch den Flur gehe, höre ich, wie der Mann Aufgaben verteilt, damit das Abendessen in Kürze stattfinden kann. Dabei geht er sogar das Wagnis ein, die Große in die Vorbereitungen mit einzubeziehen. Dankbar schließe ich die Haustür hinter mir. Obwohl ich diesen Chaoshaufen über alles liebe, ist der Spagat zwischen Familie und Job manchmal unglaublich kräftezehrend – besonders nach einem übervollen Arbeitstag. Manchmal frage ich mich selbst, wie ich alles unter einen Hut bekomme.

Mit einem überglücklichen Vierbeiner an meiner Seite betrete ich den angrenzenden Wald und lasse die frische Luft in meine Lungen strömen. Nach dem ganzen Trubel verzichte ich bewusst auf Musik und andere Zerstreuung. Stattdessen genieße ich die Stille, die dafür sorgt, dass Stress und Anspannung langsam von mir abfallen. Gleichzeitig tanke ich Kraft für die Herausforderungen, die vor mir liegen, und spüre, wie ich mich schon wieder auf den kommenden Abend freue. Alltäglicher Wahnsinn, aber der schönste Wahnsinn, den es gibt. Familie.

Erste Hilfe

Fünf Strategien, auf die Sie zurückgreifen können, sollten Sie tatsächlich die falsche Schaumlotion besorgt oder sie womöglich sogar vergessen haben.

1. Die »Ich weiß nicht, wovon du sprichst«-Taktik

Hierfür ist es von größter Wichtigkeit, dass Sie in der Lage sind, ein absolut undurchdringliches Pokerface aufzusetzen. Ansonsten schlägt der Plan fehl.

Tochter: »Hast du mir neue Schaumlotion mitgebracht?«
Sie *(irritiert)*: »Schaumlotion?«
Tochter: »Die ist leer!«
Sie *(um Zeit zu gewinnen)*: »Schon?«
Tochter *(jetzt genervt)*: »Ja! Und du wolltest welche kaufen!«
Sie: »Echt? Hattest du mir das gesagt?«
Tochter: »Ja! Heute Morgen beim Frühstück!«
Sie: »Oh, das muss im allgemeinen Chaos untergegangen sein.
    Ich schreib's direkt auf und bringe sie beim nächsten Einkauf mit.«

2. Die »Horrorstory«-Taktik

Achten Sie unbedingt darauf, nicht über Ihre eigene Konstruktion zu lachen, egal wie abwegig sie sein mag.

Tochter: »Hast du mir neue Schaumlotion mitgebracht?«
    Sie *(düster)*: »Hast du es noch nicht gehört?«
    Tochter: »Was?«

Sie: »In den letzten Tagen ist durchgesickert, dass die Firma, die deine Lotion herstellt, Tierversuche unterstützt.«

Tochter: »Was? Echt? Ich kaufe schon ewig deren Sachen …«

Sie: »Schlimm, nicht?«

Tochter *(misstrauisch)*: »Moment mal. Die stehen doch auf der offiziellen PETA-Liste!«

Sie: »Tatsächlich? Dann habe ich vielleicht den Namen verwechselt. Aber ich wollte kein Risiko eingehen, das verstehst du sicher. Die armen Kaninchen …«

3. Die »Du glaubst nicht, was passiert ist«-Taktik
Dieser Ansatz funktioniert nur, wenn Sie selbst das Gespräch eröffnen, ansonsten machen Sie sich unglaubwürdig. Sie müssen also schnell sein!

Tochter: »Hast du …«

Sie: »Du glaubst nicht, was mir heute passiert ist!«

Tochter *(schweigt überrumpelt)*

Sie: »Ich wollte gerade ans Regal gehen und deine Schaumlotion holen, da begann dieser Alarm am Ausgang! Das war ein Lärm, sag ich dir! Natürlich bin ich ein paar Schritte zurückgegangen, um nachzuschauen, was los war.«

Tochter *(gespannt)*: »Und?«

Sie: »Eine alte Dame, wild gestikulierend! Eine Verkäuferin völlig außer sich!«

Tochter: »Was ist denn nun passiert?«

Sie: »Die hatten nur vergessen, den Sicherheitsstreifen zu entfernen.«

4. Die »Wo ist sie nur hin«-Taktik
Diese Lösung verschafft Ihnen wertvolle Zeit. Achten Sie unbedingt auf das rechte Maß an Überzeugungskraft.

Tochter: »Hast du mir neue Schaumlotion mitgebracht?«

Sie *(überzeugt)*: »Natürlich!« *(Beginnen Sie nun, konzentriert in Ihren Tüten zu wühlen. Gehen Sie dabei zuerst gelassen, dann zunehmend hektisch vor. Murmeln Sie Sätze wie »Wo ist sie nur?« oder »Ich habe sie ganz sicher eingesteckt!« vor sich hin, um Ihre Glaubwürdigkeit zu steigern. Als Höhepunkt lassen Sie schließlich die Taschen mit einem schweren Seufzer auf den Boden sinken. Heben Sie die Schultern und schütteln Sie fassungslos den Kopf.)*

Sie: »Es tut mir so leid! Keine Ahnung, wo deine Schaumlotion ist. Dabei habe ich sie direkt als Erstes eingepackt!«

5. Die Ablenkungs-Taktik

Vorsicht: Dieser Lösungsansatz verschafft Ihnen lediglich mehr Zeit, führt aber nicht dazu, dass Sie außer Gefahr sind. Optimalerweise nutzen Sie den Moment der Irritation, um das Weite zu suchen.

Sie: »Wow! Ist das dahinten nicht Lukas Rieger? *Joggt* der etwa?«

Mein Geheimtipp: Big-Mac-Salat
(auch ohne Fleisch möglich)

Nach einem stressigen Tag genieße ich es, gemeinsam mit meiner Familie zu essen. Den Big-Mac-Salat kann man toll gemeinsam zubereiten, außerdem schmeckt er einfach genial.

Zutaten (für 6 Personen)
500 g Rinderhackfleisch/500 g Tofubrösel für die vegetarische Variante
500 g Sojaschnetzel
6 Hamburgerbrötchen mit Sesam
1 kleiner Kopf Eisbergsalat
8 Scheiben Schmelzkäse (Chester)
6 Gewürzgurken

Für die Soße
½ Glas Salatcreme
½ Tube Mayonnaise
6 EL French Dressing
8 EL Gewürzgurken (gewürfelt)
6 EL Röstzwiebeln
2 EL Gurkenrelish
2 TL Essig
2 TL Ketchup
2 TL Zucker
Salz

Zubereitung

1. Alle Soßenzutaten vermischen und kurz in der Mikrowelle erhitzen. Umrühren und über Nacht im Kühlschrank ziehen lassen.
2. Hackfleisch bzw. Tofubrösel und Sojaschnetzel scharf anbraten, mit Salz und Pfeffer würzen und abkühlen lassen.
3. Hamburgerbrötchen halbieren, toasten und in kleine Würfel schneiden.
4. Eisbergsalat in kleine Stücke schneiden.
5. Ein Drittel der Brötchenwürfel in eine große Schüssel füllen, darauf die Hälfte der folgenden Zutaten geben: Eisbergsalat, Soße, Fleisch/Tofu.
6. Darüber eine Schicht Käsescheiben legen.
7. Erneut ein Drittel der Brötchenwürfel in der Schüssel stapeln, darauf den übrigen Eisbergsalat, die zweite Hälfte des Hackfleischs oder Tofus, den Rest der Soße sowie eine Schicht Gewürzgurken geben.
8. Die restlichen Brötchenwürfel so auf dem Salat verteilen, dass die Sesamseite oben liegt.

Viel Aufwand, eine große Sünde, aber dafür herrlich!

2

Ein typischer Morgen oder: »Lass deine Finger von meinem Schrank, sonst klaue ich auch mal bei dir!«

Müde sitze ich am Küchentisch und hypnotisiere die Tischplatte. Wenn ich lange genug starre, taucht vielleicht ein frischer Kaffee auf, ohne dass ich mich dafür bewegen muss. Leider ist das extrem unwahrscheinlich, denn der Mann besteht darauf, die Zubereitung zu zelebrieren. Immer. Er mahlt die Bohnen frisch, schäumt Milch auf und ist mit vollem Engagement bei der Sache. Lieber verzichtet er auf das Getränk, als die (ich zitiere) *Brühe aus der Maschine* zu servieren. Eigentlich liebe ich diesen Perfektionismus, aber momentan verfluche ich ihn dafür.

Es ist früh am Morgen, und ich habe einen langen Drehtag vor mir. Mein Zeitplan ist minutiös durchgetaktet, und obwohl ich mich auf die kommenden Stunden freue, wird es mit Sicherheit anstrengend.

Noch ist alles ruhig im Haus, doch ich weiß, dass es sich dabei nur um die Ruhe vor dem Sturm handelt. In weniger als einer halben Stunde wird sich die friedvolle Stille in eine Atmosphäre hektischer Betriebsamkeit gewandelt haben. Allein der Gedanke an die zu erwartende Lautstärke reicht, um meinen erschöpften Körper zu ungeahnten Leistungen anzuspornen.

Mit verzweifelter Kraft unternehme ich einen Versuch, mich aufzurichten. Vergeblich. Der Hund beobachtet meine Bemühungen von seinem Körbchen aus. Da er bereits sein Frühstück bekommen hat (ich weiß genau, wer das wichtigste Mitglied dieser Familie ist!), sieht er gelassen dem Tag entgegen.

Zehn Minuten, dann muss ich die Kinder wecken. Ein undankbarer Job, denn sie sind absolute Langschläfer und nur unter Androhung schrecklicher Gewalttaten aus dem Bett zu kriegen. Das hat zwar am Wochenende den Vorteil, dass ich nicht zu unmenschlicher Zeit gute Laune vorgaukeln muss, aber unter der Woche wird es zur Qual. Statt das Weckkommando zu geben, würde ich mich am liebsten selbst noch mal hinlegen und mit meinem Chaoshaufen eine ausgedehnte Kuschelsession machen. Im Kopf gehe ich die Liste durch, welche Aufgaben und Termine heute anstehen. Direkt nach der Arbeit muss ich mit dem Jüngsten neue Fußballschuhe kaufen, die er dann direkt im Training einweihen kann. Die Mittlere hat ihre Freundinnen eingeladen, sodass hier im Haus wieder einiges los sein wird, und die Große hat einen Friseurtermin, zu dem ich sie begleiten will. Zum Glück hat sich der Mann bereit erklärt, heute Nachmittag die Hunderunde zu drehen, damit sich unser vierbeiniges Familienmitglied nicht ungeliebt und vernachlässigt fühlt. Viele Termine, aber das kriegen wir hin. Während ich die verbleibenden Minuten der Ruhe genieße, gönne ich mir für einen Moment das Gefühl, im Großen und Ganzen alles gut im Griff zu haben. Planung ist eben das, worauf es ankommt.

Zwanzig Minuten später bin ich völlig am Ende.

Bäuchlings auf dem Boden liegend, suche ich unter dem Bett des Jüngsten nach dessen Sportschuhen, die er gestern aus dem Turnbeutel genommen und (todsicher!) an dieser Position abgestellt hat, während es die Mittlere schafft, sogar beim Zähneputzen zu singen. Obwohl ich zugeben muss, dass es bisweilen ganz gut klingt (zweistimmig mit der Zahnbürste!), muss ich dem Impuls widerstehen, meiner geliebten Tochter den Hals umzudrehen.

Man soll die Talente fördern, nicht unterdrücken. Außerdem darf die sensible Kinderseele keinen Schaden nehmen, und das würde unweigerlich geschehen, wenn ich ihr jetzt zu nahekäme. Es ist früh am Morgen! Solange die vorderen Ziffern der Uhr einstellig sind, sollte ein allgemeines Gesangsverbot ausgesprochen werden. Die Große scheint das ähnlich zu sehen, denn sie hat ihr eigenes kleines Reich im Dachgeschoss nur für wenige Sekunden verlassen. Genau die Zeitspanne, die nötig ist, um einen erfolgreichen Raubzug durchzuführen. Bevor ich etwas zum Thema Shampoo und persönlicher Besitz anmerken kann, verschwindet sie mit einem Winken. Immerhin eine deutliche Steigerung zu gestern, als meine Anwesenheit lediglich mit einem genervten Ächzen quittiert wurde.

Nach der Erörterung der üblichen Themen (Zahnpasta im Waschbecken trocknet an und muss deshalb direkt entfernt werden. Lange Haare müssen morgens und abends gebürstet werden, weil sie sich sonst verknoten. Und auch als ältestes von drei Kindern hat man kein Exklusivrecht auf schlechte Laune am Morgen) versammeln sich alle Familienmitglieder in der Küche. Während der Mann die Pausenboxen liebevoll mit belegten Broten, Gürkchen und anderen Details bestückt, sorge ich dafür, dass alle – die Älteste, die morgens am liebsten gar nichts essen würde, eingeschlossen – ein abwechslungsreiches, nahrhaftes und kreatives Frühstück im Bauch haben. Zumindest wäre es so, wenn man sich nach meinen Vorstellungen richten würde. In der Realität sitzen die beiden Kleinen am Küchentisch und schaufeln Haferbrei mit Milch und Blaubeeren in sich hinein, während sich die Große immerhin zu einem Glas frisch gepresstem Orangensaft herablässt.

»Du hast die Sportsachen in den Turnbeutel gepackt?«, vergewissere ich mich, an den Jüngsten gewandt.

»Hmpf«, macht er und nickt dabei dankenswerterweise. Kommunikation ist alles.

Die Große verdreht genervt die Augen, bleibt aber stumm.

Die Einzige, die bereits wenige Sekunden nach dem Aufwachen gute Laune hat, ist die Mittlere. Jeden Morgen werde ich darüber in Kenntnis gesetzt, welche Unternehmungen geplant sind. Dabei spielt es keine Rolle, ob diverse Inhalte mehrfach kommuniziert werden. Ich unterdrücke ein Seufzen. Das wird sicher nicht so bleiben, wenn auch mein zweites Mädchen der Pubertät zum Opfer fällt. Bei der Großen muss ich um jede Information betteln. Ich sollte das muntere Geplapper der Mittleren genießen, solange ich noch kann.

»Heute wird toll«, nuschelt sie zwischen zwei Löffeln ihres Müslis. »Beim gemeinsamen Frühstück spielen wir immer Werwolf. Hoffentlich bin ich dieses Mal wieder einer. Bei der letzten Runde war ich Dorfbewohner. Voll langweilig. Hast du meine Muffins gebacken?«

Ich erstarre, und das liegt nicht an der Erwähnung von Werwölfen.

»Muffins?«, wiederhole ich und bemühe mich, den schrillen Tonfall aus meiner Stimme zu verbannen.

Die Mittlere isst seelenruhig weiter. »Ja. Ich bringe heute Muffins mit. Habe ich auf die Liste geschrieben.«

»Und wann wolltest du mir das mitteilen?«, japse ich.

»Hab ich doch gerade«, sagt sie. Damit hat sie recht, das ist nicht zu leugnen.

»Wie wäre es mit gestern Mittag?«, knurre ich gereizt. Wobei, ich will ja nicht zu viel verlangen. »Oder zumindest gestern Abend?«

»Da hab ich's vergessen«, entschuldigt sich die Mittlere zerknirscht. »Tut mir leid, Mama.«

Sofort bin ich wieder versöhnt und überlege, wie ich die Situation retten kann. Die Kinder haben den Kopf voller Termine und Dinge, an die sie denken sollen – genau wie ich selbst. Da kann schon mal etwas untergehen.

»Wir haben noch abgepackte Schokomuffins im Vorratsschrank«, wirft der Mann von der Seite ein.

»Abgepackte Schokomuffins!«, wiederhole ich entsetzt. »Du willst unser Kind mit abgepackten Muffins zum gemeinsamen Frühstück schicken?«

Er zuckt mit den Schultern und nickt. Anscheinend ist ihm nicht klar, zu welcher Katastrophe eine solche Entscheidung führen kann.

»Auf gar keinen Fall«, widerspreche ich. »Ich werde mir doch nicht die Möglichkeit nehmen lassen, mein Kind mit liebevoll zubereiteten Köstlichkeiten in die Schule zu schicken! Vergiss es! Ich backe selbst! Das schaffe ich noch!«

Der Mann hebt beschwichtigend die Hände. »In Ordnung.«

Die Älteste schaut demonstrativ auf ihre Armbanduhr und meldet sich zum ersten Mal an diesem Tag zu Wort. »Vielleicht solltest du dann besser anfangen.«

Etwa eine Viertelstunde später sieht man der Küche an, wie hart in ihr gearbeitet wurde. In der Spüle türmt sich das schmutzige Geschirr, die Arbeitsplatte ist mit Mehl bestäubt, und auf meinem ursprünglich weißen Shirt klebt Ahornsirup an allen unmöglichen Stellen.

Dafür stehen im Ofen 24 Muffins (mit Obstfüllung!), die in Kürze fertig sein werden. Der Ruf der Familie ist nicht länger in Gefahr.

Immerhin ist zumindest halbwegs Ruhe eingekehrt, denn die Große befindet sich bereits auf dem Weg zur Haltestelle. Heute wirklich auf den letzten Drücker. Sie hat wohl nicht mit einkalkuliert, dass mir meine eigenen Schuhe an ihr auffallen würden, und noch weniger hat sie damit gerechnet, dass ich sie nötigen würde, diese zurückzugeben.

(»Stopp. Keinen Schritt weiter. Das sind meine Schuhe. Zieh deine eigenen an!« … »Nein, das ist *nicht* kleinlich! Lass deine Finger von meinem Schrank, sonst klaue ich auch mal bei dir!«)

Zum Glück hat der Mann, ohne zu zögern, angeboten, die Mittlere und den Jüngsten zur Schule zu bringen und anschließend den gleichen Weg nochmals für die Muffins zu bewältigen. Dadurch verschafft er mir sogar die Zeit, die kleinen Kunstwerke passend zu verzieren. Natürlich ohne künstliche Zusatzstoffe. Stolperfallen lauern überall, und ich weiß genau, dass es sich einige Mütter zum Hobby gemacht haben, darauf zu warten, dass man sich einen Fehltritt erlaubt.

»Mama, hast du daran gedacht, dass Kathrin keine Nüsse essen darf?«, fragt die Mittlere, als hätte sie meine Gedanken gelesen.

»Natürlich«, erwidere ich stolz.

»Und Eier sind auch keine drin?«

»Nein«, sage ich. »Ich habe sie mit Bananen und Sojajoghurt gemacht. Vegan *und* laktosefrei.«

»Hoffentlich schmecken sie überhaupt noch nach Muffin«, stichelt der Mann, woraufhin ich ihn mit einem ungnädigen Blick strafe. »Du hättest auch dein unschlagbares Bananenbrot machen können. Apropos … wann gibt es das mal wieder?«

Es ist das erste Mal seit einer Viertelstunde, dass er den Mund aufmacht. Zuvor ist er höchst engagiert in der Küche herumgehuscht und hat mit bewundernswertem Geschick dafür gesorgt, dass ich zum richtigen Zeitpunkt die passenden Zutaten in den Händen halte. Der gute Eindruck, den er dadurch bei mir hinterlassen hat, wurde jedoch zielsicher durch seinen Kommentar zerstört.

»Willst du dich nicht umziehen?«, erkundige ich mich spitz und deute mit hochgezogenen Augenbrauen auf den großen (laktosefreien!) Joghurtfleck an seinem linken Arm.

Er mustert sein Hemd und schnaubt.

»Und ich dachte, nur du würdest die Spuren der Schlacht tragen«, murmelt er, drückt mir einen Kuss auf die Wange und verlässt die Küche.

Nach weiteren zwanzig Minuten sind sowohl die Muffins aus dem Ofen als auch der Rest der Familie aus dem Haus verschwunden. Ich tausche einen erleichterten Blick mit dem Hund, der das gesamte Schauspiel aus sicherer Entfernung beobachtet hat. Die Muffins sind so gesund, dass er einen Diebstahl nicht einmal in Erwägung gezogen hat.

Schnell räume ich das schlimmste Chaos auf und stelle die Teller vom Frühstück in die Spülmaschine, damit ich heute Abend nicht von einem Geschirrberg empfangen werde. Anschließend renne ich nach oben, um mich umzuziehen. Ich sollte mich beeilen. Die ganze Aktion hat meine Planung völlig durcheinandergebracht. Mein Fahrer wird in wenigen Minuten vor der Tür stehen.

Ich schlüpfe in ein frisches T-Shirt. Dann mache ich mich auf den Weg nach unten, während ich meine Haare zu einem Dutt schlinge.

Nach diesem Start in den Tag freue ich mich regelrecht auf die Autofahrt, weil ich da einfach gar nichts tun muss. Zudem ist mein Fahrer unglaublich nett. Ich darf sogar lautstark singen, ohne dass er lacht (wie der Mann), meckert (wie die Große) oder jault (wie der Hund). Im besten Fall stimmt er sogar mit ein.

Sicherlich wird mich am Set mein Lieblingscaterer mit einem perfekt zubereiteten Kaffee mit aufgeschäumter Milch empfangen. Ich werde entspannt in meinem Stuhl zusammenbrech… äh, in meinen Stuhl sinken und mich mit bestem Gewissen von der Maske verwöhnen lassen. Man muss jede Gelegenheit nutzen, um Kraft für den restlichen Tag zu tanken. Und weil ich mich gerade in solch euphorischer Stimmung befinde, beschließe ich, mir eines der frisch zubereiteten Kunstwerke zu gönnen, das ich für mich selbst aufgehoben habe.

Ich nehme einen Muffin, beiße herzhaft hinein und kaue unentschlossen. Okay, sie sind gesund. Sie sind vegan. Sie sind laktosefrei. Aber wirklich lecker sind sie nicht.

Erste Hilfe

Fünf Strategien, auf die Sie zurückgreifen können, wenn Sie beim besten Willen keine Zeit mehr haben, um Muffins zu backen.

1. Die »Ich gebe gekaufte Backwerke als meine eigenen aus«-Taktik

Zuerst sollten Sie dafür sorgen, dass es keine Zeugen gibt. Am besten verbannen Sie die gesamte Familie samt Haustieren aus der Küche. Dafür bietet sich ein elegantes Ablenkungsmanöver an. Initiieren Sie wahlweise eine Polonaise durchs Haus oder tun Sie so, als hätten Sie das Signal des Eiswagens gehört. Bis Ihrer Familie auffällt, dass beide Varianten zu dieser frühen Stunde äußerst seltsam sind, haben Sie längst die Küche verriegelt und alle Vorhänge zugezogen.

Nehmen Sie nun die Muffins, für deren Erwähnung Sie den Mann zuvor noch gerügt haben, aus dem Schrank. Entsorgen Sie die Verpackung unauffällig! Sie dürfen keine Spuren hinterlassen! Lösen Sie anschließend die Backwerke aus dem Papier und positionieren Sie sie auf der Arbeitsplatte. Bestäuben Sie die Muffins sorgfältig mit Puderzucker. Wenn Sie sichergehen wollen, rühren Sie eine schnelle Glasur aus Puderzucker und Zitronensaft an.

Aber bleiben Sie unbedingt realistisch! Kein Mensch wird Ihnen abnehmen, dass es sich hierbei um vegane Muffins handelt. Entscheiden Sie sich also nur im absoluten Notfall für diese Taktik! Greifen Sie ansonsten lieber zu den Varianten zwei bis fünf.

2. Die »Ich habe mich bewusst für etwas Gesundes entschieden«-Taktik

Diese Methode setzt voraus, dass Ihre Schränke diverse Konserven beinhalten, die bereits in Vergessenheit geraten sind. Kein Problem, wenn die Produkte kurz vor dem Ablaufdatum sind. Zudem wäre es von Vorteil, wenn Sie genau wüssten, wo sich Ihre Ausweichmaterialien befinden, damit Sie diese mit nur einem Handgriff erreichen können. Die traumwandlerische Sicherheit wird Ihr Publikum (die Familie) zusätzlich beeindrucken.

Tochter: »Hast du meine Muffins gebacken?«
Sie: »Nein.«
(Lassen Sie den Schrecken für einen Moment wirken, und achten Sie anschließend unbedingt darauf, Ihrer Stimme einen überzeugten Klang zu geben. Das geringste Zittern würde Ihre Darbietung ruinieren.)
Sie: »Das liegt aber nicht daran, dass ich es vergessen habe. Ich gebe dir etwas Besseres mit.«
Tochter *(blinzelt misstrauisch)*
(Nun ist der Moment gekommen, in welchem Sie mit oben genannter traumwandlerischer Sicherheit die richtige Schranktür öffnen und das Glas Ihrer Wahl hervorholen.)
Tochter: »Oliven?! Dein Ernst?«
Sie: »Natürlich. Und das ergänzen wir mit Schafskäsewürfeln und Fladenbrotecken.«

Nutzen Sie den Moment der Irritation, um eine kritische Bemerkung über den Zusammenhang zwischen ungesunder Ernährung und dem zunehmenden Übergewicht der Jugend zu platzieren. Damit ersticken Sie sämtliche Einwände im Keim und haben zusätzlich die Chance, ungeliebte Konserven loszuwerden.

3. Die »Wir bestechen sie mit Geschenken«-Taktik

Tochter: »Hast du meine Muffins gebacken?«

Sie *(milde lächelnd)*: »Mein Schatz. Muffins sind *so was* von out! Du wirst heute der Renner sein. Jeder deiner Mitschüler bekommt ein Fläschchen changierenden Nagellack. Gleichberechtigung ist in! Ich sage dir, die werden dich lieben!«

Diese Variante setzt die richtigen Signale, ist sehr wirkungsvoll, allerdings nicht gerade billig. Aber immerhin agieren Sie im Namen der Gleichberechtigung. Sie müssen lediglich darauf achten, Ihren Nagellackbestand regelmäßig aufzufüllen.

4. Die »Kuchenpiraterie«-Taktik

Diese Strategie bedarf einiges Trainings, kann aber zu äußerst erfreulichen Ergebnissen führen, wenn Sie es geschickt anstellen. Ihr Versagen – oder vielmehr das Versagen Ihrer Tochter – könnte allerdings zu größeren Schwierigkeiten bis hin zu einer Familientherapie führen.

Grob zusammengefasst geht es um Kuchenpiraterie. Sie entern ein fremdes Backwerk und geben es als Ihr eigenes aus.

Achten Sie unbedingt darauf, Ihre Kinder zuvor mit dem Vorgehen vertraut zu machen. Nutzen Sie jede Gelegenheit. Üben Sie auf verschiedenen Kuchenbasaren von Schule oder Kindergarten für den Ernstfall.

Der Enter-Vorgang ist in drei Phasen aufgeteilt, wobei die folgenden Schritte von einer beliebigen Person ausgeführt werden können.

1. Die Vorbereitung: Beschriften Sie ein Klebeetikett mit Ihrem Nachnamen.
2. Die Auswahl: Suchen Sie nach einem gängigen Kuchen in einer unauffälligen Transportbox. Nichts Besonderes und

vor allem mit einem diskreten Etikett. Auch wenn's schwerfällt: Widerstehen Sie der mehrstöckigen Regenbogentorte in dem Luxusbehälter, denn ihr Besitzer wird diese auf jeden Fall wiedererkennen.

3. Die Ablenkung: Sehen Sie auffällig aus dem Fenster und sagen Sie: »Was ist denn da draußen los?«
4. Die Übernahme: Nutzen Sie die Gunst der Stunde und kleben Sie das vorbereitete Namensetikett auf den Kuchen. Fertig. Das Backwerk gehört Ihnen.

5. Die »Jeden Tag eine gute Tat«-Taktik

Tochter: »Hast du meine Muffins gebacken?«

Sie: »Ja, natürlich.« *(Jetzt ist Ihr schauspielerisches Talent gefragt. Geben Sie alles!)*

Sie: »Allerdings ...«

Tochter: »Wo sind sie denn?«

Sie: »Weißt du, als ich heute Morgen die Runde mit dem Hund gemacht habe, sind wir auf eine alte Dame gestoßen. Sie wirkte völlig entkräftet, konnte kaum einen Fuß vor den anderen setzen.«

Tochter *(irritiertes Schweigen)*

Sie: »Okay, ich geb's zu. Ich habe ein zu gutes Herz. Ich habe der alten Dame die Muffins geschenkt, um ihr ein Lächeln zu entlocken. Jetzt hast du zwar nichts für das gemeinsame Frühstück, aber dafür haben wir Karmapunkte gesammelt. Jeden Tag eine gute Tat!«

Mein Geheimtipp: Bananenbrot

Dieses Bananenbrotrezept ist zwar nicht vegan, schmeckt dafür aber genial.

Zutaten
3 Bananen
½ Tasse Mehl
1 Tasse gemahlene Nüsse oder Mandeln
½ Päckchen Backpulver
1 EL Honig
3 Eier
250 g Butter
Mit Zimt oder Kokosraspeln verfeinern

Zubereitung
Hier brauchen Sie einfach nur alle Zutaten in einer Schüssel verrühren und in eine Kastenform füllen.
Bei 160°C ca. 40–45 Minuten backen und fertig ist das leckere und gesunde Bananenbrot.

3

Die Freuden einer Autofahrt oder: »Warum sitzt die immer vorne?«

Zum wiederholten Mal blicke ich auf meine Armbanduhr. 15:20 Uhr. Wenn mein Töchterlein nicht bald auftaucht, ist der reibungslose Ablauf des Nachmittags gefährdet. Im Geist gehe ich die weitere Reihenfolge durch. Nachdem ich die Mittlere vom Training abgeholt habe, fahren wir zur Schule, um die Große einzusammeln, die heute Nachmittagsunterricht hat. Auf dem Heimweg kann ich den Jüngsten am Sportplatz mitnehmen und die Große wiederum bei ihrer Freundin absetzen. Ein seltenes Vergnügen, denn normalerweise tummeln sich sämtliche Kinder bei uns. Mein Zeitplan wäre perfekt, wenn endlich …

»Hallo, Mama!« Die Mittlere reißt die Autotür auf und lässt sich auf den Beifahrersitz fallen. Mein Zeitplan ist gerettet. »Du glaubst nicht, was heute passiert ist!«

Während sie mit einer Hand die Tür schließt, schnallt sie sich mit der anderen an und befördert ihren Rucksack mit einem Tritt in den Fußraum. Wieder einmal bin ich beeindruckt, zu welchem Multitasking meine Tochter fähig ist. Sie schafft es tatsächlich, ihren Bericht nicht für eine Sekunde abreißen zu lassen. Ich hingegen bin schon fast damit überfordert, das Auto anzulassen und gleichzeitig an den richtigen Stellen bestätigend zu nicken oder abfällig zu schnauben.

Unauffällig wende ich meine Aufmerksamkeit der Straße zu.

Verdammt. Ich stand keine Viertelstunde vor der Turnhalle. Trotzdem hat es irgendein Idiot geschafft, sich derart nah hinter mich zu stellen, dass seine Front fast meine Stoßstange küsst. Der kann froh sein, dass ich ihn nicht auf frischer Tat ertappt habe.

Konzentriert beginne ich, meinen Wagen aus der Parklücke zu rangieren. Ein schwieriges Unterfangen, da sowohl nach vorne als auch nach hinten lediglich wenige Zentimeter Raum sind. Und ich Trottel hielt mich für unglaublich nett, weil ich so viel Platz wie möglich eingespart habe. Dabei kam mir natürlich nicht in den Sinn, dass man mich einkeilt wie eine Sardine in der Büchse. Bei den Schimpfworten, die mir aktuell auf der Zunge liegen, kann von *nett* jedenfalls keine Rede mehr sein. Ruhig bleiben. Immerhin befindet sich meine Tochter im Auto. Die Tochter, die noch lange nicht am Ende ihrer Erzählung angekommen ist.

Ich drehe mich nach hinten und lege einen Arm um den Beifahrersitz, um den vorhandenen Platz besser abschätzen zu können. Es handelt sich um etwa zehn Zentimeter. Großzügig geschätzt.

Aus den Augenwinkeln nehme ich wahr, wie die Mittlere wild gestikulierend einen Wutanfall ihres Mathelehrers nachahmt. Vorsichtig rangiere ich einige Zentimeter nach vorne, dann wieder in die andere Richtung. Die Mittlere bemerkt nichts von meinen verzweifelten Bemühungen, sowohl unser Auto als auch die dämliche Blechkiste hinter mir unversehrt zu lassen, und plappert munter weiter.

»Liebes«, stoße ich irgendwann hervor, »könntest du für einen Moment still sein? Ich muss mich konzentrieren.«

Die Mittlere ist so in ihrer Geschichte gefangen, dass sie meine Bitte gar nicht hört. Ächzend drehe ich am Lenkrad und setze den Wagen erneut ein paar Zentimeter zurück. Dieses Mal müsste es reichen. Ha! Nimm das, du aufdringlicher Penner!

Triumphierend trete ich aufs Gas, um die Parklücke zu verlassen, und lege Sekundenbruchteile später eine Vollbremsung hin. Fast hätte ich den Radfahrer erwischt, der genau den Moment meines Sieges gewählt hat, um an uns vorbeizuziehen.

Während ich mir sämtliche Flüche verkneife, die Augen schließe und langsam aus- und wieder einatme, reißt der Redefluss der Mittleren nicht ab.

»Sei mal kurz ruhig, ja?«, zische ich genervt. Direkt tut mir meine ruppige Art leid. Die Mittlere kann wirklich nichts für meinen Anfall von Blindheit. »Bitte«, füge ich schnell hinzu, während ich mich bemühe, meinen Herzschlag auf ein gesundes Maß zu senken. Der Radfahrer hat vermutlich nicht einmal bemerkt, dass er gerade knapp einem schrecklichen Unfalltod entronnen ist.

Die Mittlere antwortet mit einem beleidigten Schniefen. Von der Seite bedenkt sie mich mit einem verletzten Blick, der von tiefster Enttäuschung zeugt. Ich seufze unmerklich. Natürlich macht sich unmittelbar das schlechte Gewissen in mir breit, aber immerhin habe ich jetzt Ruhe, um endlich diese verfluchte Parklücke zu verlassen und mich auf die Fahrt zu konzentrieren.

Zumindest bis sich die Mittlere nach vorne lehnt und das Radio anschaltet. Als der neueste Hit von Adele erklingt, wandelt sich ihr Ausdruck schlagartig von Ärger zu Begeisterung. Für diesen Wesenszug liebe ich meine Tochter ganz besonders. Sie schafft es immer wieder, zu ihrer guten Laune zurückzufinden, und sie ist absolut nicht nachtragend.

»Mein Lieblingssong«, quietscht sie, bevor sie beginnt, lautstark mitzusingen. Amüsiert grinse ich in mich hinein. Welch ein Zufall, dass ausgerechnet einer ihrer gefühlt dreißig Lieblingssongs in diesem Moment im Radio läuft.

Spontan strecke ich die Hand aus und streiche ihr leicht über das Bein. Sie erwidert meine unausgesprochene Entschuldigung mit einem Lächeln. Den nächsten Refrain schmettern wir beide gemeinsam. In schönster Eintracht kurven wir durch den Stadtverkehr: nur meine Tochter, ich und Adele.

Die Harmonie wird jedoch empfindlich gestört, als wir etwa eine Viertelstunde später die Schule erreichen. Statt sich über den unverhofften Abholservice zu freuen, denn ansonsten müsste sie den Bus nehmen, öffnet die Große mit unergründlicher Miene die Beifahrertür. Mit einem knappen Nicken gibt sie der Mittleren zu verstehen, sie möge nach hinten verschwinden.

Diese verschränkt die Arme, bleibt demonstrativ sitzen und erwidert fest ihren Blick. Ich rutsche unbehaglich auf meinem Sitz hin und her, während sich meine Töchter schweigend anstarren. Fehlt nur noch, dass eine der beiden einen Revolver zieht.

»Ihr könnt euch doch abwechseln«, durchbreche ich das eisige Schweigen.

»Genau«, nutzt die Mittlere sofort die Gelegenheit. »Warum sitzt die immer vorne? Ich bin dran.«

»Toll«, faucht die Große in meine Richtung. »War ja klar. Natürlich ergreifst du Partei für sie. Wie immer.«

»Das stimmt nicht«, widerspreche ich. »Ich versuche …« Meine Antwort wird frühzeitig von dem lauten Knall beendet, mit dem die Große die Beifahrertür zugeworfen hat. Sie reißt die hintere Tür auf und feuert ihren Rucksack in den Fußraum. Ich unterdrücke ein Seufzen und beschließe, dieses Mal auf einen Vortrag zum Thema Höflichkeit und Respekt zu verzichten. Die Laune der Großen ist aktuell derart mies, dass es ohnehin nichts nützen würde.

»Wie war dein Tag?«, frage ich stattdessen nach hinten gewandt, um die ungemütliche Stimmung aufzulockern.

»Ich verstehe dich leider nicht«, entgegnet die Große spitz. »Dieses Geplärre aus dem Radio ist zu laut.«

»Geplärre?«, begehrt die Mittlere auf. »Spinnst du? Das ist der neue Song von Justin Timberlake.«

Die Große schnaubt verächtlich. Ganz unrecht hat sie nicht mit ihrer Unmutsbekundung, die Musik ist tatsächlich ziemlich laut.

Bevor ich jedoch am Regler drehen kann, lässt mich ein empörter Aufschrei innehalten.

»Mama, lass ja die Musik an«, warnt die Mittlere. »Wenn die Motzkuh …«

»Ich möchte nicht, dass du so von deiner Schwester sprichst«, unterbreche ich sie.

»Wenn meine *liebste* Schwester vorne sitzt, müssen wir immer das hören, was sie will«, fährt die Mittlere unbeirrt fort. »Es ist bloß fair, wenn auch mal meine Musik läuft.«

Ich nicke ergeben und lege beide Hände ans Steuer. Dabei ignoriere ich tapfer das Gemurmel der Großen auf der Rückbank, bei dem immer wieder die Worte »ungerecht« und »Bevorzugung« auftauchen. Glücklicherweise befinden wir uns mittlerweile auf der Schnellstraße, sodass die Fahrtgeräusche in Kombination mit dem weiterhin voll aufgedrehten Radio dermaßen laut sind, dass ich sämtliche Kritik besten Gewissens überhören kann.

Etwa zwanzig Minuten später habe ich auch den Jüngsten vom Fußballtraining abgeholt und ins Auto verfrachtet. Natürlich wurde meine Abwesenheit genutzt, um erneut eine erbitterte Schlacht entbrennen zu lassen. Ich glaube, dieses Mal geht es um das Bircher Müsli, das ich der Familie morgens zubereite, aber ich will gar nicht so genau hinhören. Im Moment ist mir völlig gleichgültig, ob Cashew- oder Walnusskerne besser schmecken.

Stattdessen bedenke ich meinen Sohn mit einem liebevollen Blick. Er ist verschwitzt vom Training und hat rote Backen. Alles in allem sieht er erschöpft und ziemlich glücklich aus. Im

Gegensatz zu seiner großen Schwester wirkt er völlig zufrieden mit seinem Platz auf der Rückbank und lässt sich widerspruchslos in das Polster sinken. Die These, dass sich Jungs und Mädchen von Natur aus unterscheiden, habe ich mindestens genauso oft gehört wie die Begründung, das dritte Kind würde sich einfach der Familie anpassen und somit pflegeleichter sein. Was auch immer davon zutrifft: Fakt ist, dass er sich von seinen Schwestern unterscheidet.

Natürlich hat jedes meiner Kinder seine Besonderheiten und seinen ganz speziellen Charakter, aber die beiden Großen gleichen sich vom Wesen. Daher sind sie Meister in gegenseitiger Provokation, während der Jüngste das Gezeter einfach ignoriert.

»Wie war's beim Fußball?«, frage ich, während ich mich geschickt in den Verkehr einfädle, um die letzte Station für heute anzufahren. In einer halben Stunde dürfte ich endlich daheim ankommen. Halleluja.

Im Rückspiegel sehe ich, wie seine Augen aufblitzen.

»Voll gut!«, berichtet er euphorisch. »Der Trainer hat gesagt, dass wir Chancen haben, Tabellenführer zu werden. Das wäre so krass! Er meinte, wir hätten uns total verbessert!«

»Blödsinn«, wirft die Große von der Seite ein.

»Aber der Trainer glaubt, dass wir es schaffen können!«, ereifert sich der Jüngste.

»Das ist totaler Quatsch«, beharrt die Große. »Ihr steht momentan auf dem vierten Platz. Wie soll das gehen?«

Der Jüngste sieht nun nicht mehr begeistert, sondern niedergeschlagen aus, und ich erwäge, meiner ältesten Tochter den Hals umzudrehen.

»Der Trainer würde das nicht sagen, wenn es nicht stimmt. Der hat das ernst gemeint. Oder?«, fragt er unsicher.

»Das macht er nur, um euch zu motivieren, damit ihr euch mehr anstrengt«, eröffnet die Große von oben herab. Ich werfe ihr einen flehenden Blick zu. Sie ächzt entnervt. »Wobei ich zugeben muss, dass ihr euch echt verbessert habt. Vermutlich hat der Trainer doch recht«, lenkt sie ein.

Der Jüngste lehnt sich mit einem zufriedenen Grinsen nach hinten, während ich erleichtert aufatme.

Der Frieden hält glücklicherweise an, bis wir die Große bei ihrer Freundin rauslassen.

»Wann bist du wieder zu Hause?«, erkundige ich mich, bevor sie die Autotür zuwerfen kann. Aus leidvoller Erfahrung weiß ich, dass es geschickter ist, eine Frage zu stellen, statt ihr zu sagen, wann sie zu Hause zu sein hat. Momentan bin ich nicht in der Lage, eine Diskussion zu bestreiten, und die Große ist verantwortungsbewusst genug, um selbst eine vernünftige Uhrzeit zu bestimmen.

»Wartet nicht mit dem Abendessen«, sagt sie.

Ich runzle die Stirn. »Du hast morgen Schule«, erinnere ich sie.

Die Große stöhnt. »Schon klar. Deshalb bleibe ich ja länger. Wir wollen ein neues Cookie-Rezept ausprobieren. Aber der Meyer hat uns einen Berg Hausaufgaben aufgegeben, obwohl der genau weiß, dass wir Nachmittagsunterricht hatten. Der wollte uns garantiert den Abend versauen. Später als 19 Uhr wird es sowieso nicht.«

»Und es ist kein Problem, wenn du bei Hanna mitisst?«, vergewissere ich mich. »Du weißt, dass deine Freundinnen bei uns jederzeit willkommen sind. Ihr könnt ruhig zu uns kommen.«

»Nö«, erwidert die Große. »Ich finde es cool, mal woanders zu essen. Sonst sind ja immer alle bei uns. Und Hannas Mutter ist echt entspannt. Nicht so wie andere.«

Mit einem bedeutungsvollen Blick in meine Richtung schließt sie die Autotür und winkt mir zu. Man kann sagen, was man will, aber sie hat ein Händchen für dramatische Abgänge.

»Kein Problem, Mama«, tröstet mich der Jüngste. »Ich finde dich entspannt. Und du darfst mir immer bei den Hausaufgaben helfen. Am Freitag schreiben wir ein Diktat. Du darfst mit mir üben.«

Erste Hilfe

Fünf Strategien, auf die Sie zurückgreifen können, wenn die Sitzplatzdiskussion zu eskalieren droht.

1. Die »Dann hören wir eben Schlager«-Taktik

Hierbei spielt das Überraschungsmoment eine gravierende Rolle. Achten Sie darauf, dass alle Insassen angeschnallt sind, und fahren Sie langsam. Vergewissern Sie sich, dass sich hinter Ihnen kein weiteres Fahrzeug befindet.

Warten Sie dann, bis die Diskussion ihren Höhepunkt erreicht, und treten Sie leicht auf die Bremse, sodass das Auto zum Stehen kommt. Schlagen Sie mit beiden Händen auf das Lenkrad, noch bevor sich Ihre Kinder von der Überraschung erholt haben. Optimalerweise sollten Sie zusätzlich einen aufgebrachten Schrei ausstoßen.

Sie: »Jetzt reicht's!«

Kinder (*irritiertes Schweigen*)

Sie: »Immer diese endlosen Diskussionen! Wenn ihr nicht mit den Streitereien aufhört, suche ich einen Sender, der Schlager spielt.«

Kinder (*eingeschüchtertes Schweigen*)

Sie (*finster am Radio drehend*): »Also? Schlager?« (*Kunstpause*) »Nein? Dann können wir uns darauf einigen, dass diese Streitereien jetzt zu Ende sind.«

2. Die »Das Baby musste dringend gewickelt werden«-Taktik
Diese Strategie ist besonders wirkungsvoll, wenn der Beifahrersitz noch leer ist. Versuchen Sie es so einzufädeln, dass die Diskussion vor Beginn der Fahrt stattfindet.

Sie: »Steigt ihr dann ein?«
Tochter 1: »Ich sitze vorne!«
Tochter 2: »Nein, ich! Du sitzt immer vorne. Heute darf ich mal.«
Sie *(als würden Sie eine Nebensächlichkeit erzählen)*: »Heute Morgen war ich mit Bea und dem kleinen Tom frühstücken. Wir haben ein neues Café ausprobiert, und – nicht zu fassen! – die hatten dort keinen Wickelraum. *(Vermutlich tauschen Ihre Töchter nun einen irritierten Blick. Lassen Sie sich davon nicht beirren, das ist sogar ausdrücklich erwünscht!)* Auf jeden Fall musste Tommy dringend gewickelt werden. Also habe ich ihr angeboten, dass sie das auf dem Beifahrersitz erledigen kann. *(Prüfen Sie kurz das Polster.)* Das ist mit Sicherheit schon wieder trocken. Lasst euch davon also nicht stören.«

3. Die »Versuch's mal mit Musik«-Taktik
Diese Strategie ist genauso unhöflich wie wirkungsvoll. Sobald eines der Kinder die unliebsame Diskussion starten möchte, beginnen Sie aus vollem Hals zu singen. Vorzugsweise einen Hit, der mindestens zehn, besser fünfzehn Jahre alt ist. Entscheiden Sie sich auf keinen Fall für einen angesagten Song, sonst laufen Sie Gefahr, dass Ihre Kinder begeistert mit einstimmen.

Sollten Sie diese Taktik häufiger anwenden, bietet es sich an, eine spezielle Playliste anzulegen, die Sie unter anderem mit Karaoke-Versionen bestücken können.

4. Die Bestechungstaktik

Immer wieder vielversprechend: der Appell an die niederen Instinkte des Menschen. Sie können dabei sogar auf unauffällige Art und Weise Einfluss nehmen, welches Kind letztendlich neben Ihnen Position bezieht.

Sie: »Wer sich freiwillig nach hinten setzt, muss heute nicht mit dem Hund gehen.«

Sie: »Wer sich freiwillig nach hinten setzt, bekommt zu Hause ein Eis.«

Sie: »Wer sich freiwillig nach hinten setzt, muss heute nicht beim Tischabräumen helfen.«

Sie: »Wer sich freiwillig nach hinten setzt, darf heute Abend mit uns fernsehen.«

Sie: »Wer sich freiwillig nach hinten setzt, muss heute sein Zimmer nicht aufräumen.«

5. Die »Wir kaufen ein neues Auto«-Taktik

Erdulden Sie stoisch die Streitereien Ihrer Kinder, und denken Sie daran: Der Ärger wird in Kürze ein Ende finden. Visieren Sie das nächste Autohaus an und fahren Sie dort auf den Parkplatz. Machen Sie den Wagen aus und tun Sie so, als würden Sie im Handschuhfach nach den Fahrzeugpapieren suchen. Früher oder später wird ein Kind die gewünschte Frage stellen.

Tochter: »Mama? Was machst du?«

Sie: »Ich suche die Autounterlagen?«

Tochter: »Und warum? Was tun wir überhaupt hier?«

Sie: »Wir verkaufen den Wagen.«

Tochter: »Was?!«

Sie *(deutlicher)*: »Wir. Verkaufen. Den. Wagen.«

Tochter: »Aber ... wieso?«

Sie: »Uns bleibt keine andere Wahl. Ihr schafft es nicht, euch zu einigen, wer neben mir sitzen darf. Also brauchen wir ein Modell mit drei Sitzen vorne. Einen Kleinbus oder so. Gerade letzte Woche hatten sie hier ein Modell zu einem unschlagbaren Preis. Es hatte zwar merkwürdige pinke Blumen auf den Türen, aber Hauptsache, es fährt. Ein Auto ist ja ein Fortbewegungsmittel und kein Statussymbol.«

Tochter (*entsetzt*): »Blumen? *Pinke* Blumen?«

Sie (*wortlos nickend*)

Tochter (*panisch*): »Nein! Bitte nicht! Wenn das meine Freunde mitkriegen, bin ich in der Schule geliefert!«

Sie: »Aber wir haben keine Wahl. Die Sitzplatzsituation zwingt uns dazu.«

Tochter: »Kein Problem! Ich sitze freiwillig hinten. Für immer!«

Mein Geheimtipp: Birchermüsli

Für meine Lieben bereite ich morgens gerne ein selbst gemachtes Birchermüsli zu: die reinste Vitaminbombe.

Zutaten (für 2–3 Personen)
1 Becher fettarmer Joghurt (bei Bedarf laktosefrei)
2 grob geriebene Äpfel
1 Schuss Zitronensaft
1 große Handvoll Kokosraspeln
Haferflocken, bis die gewünschte Konsistenz erreicht ist
1 Handvoll zerkleinerte Cashew- oder Walnusskerne
2 EL Buchweizen oder Chia
Früchte, Honig und Zimt nach Belieben

Zubereitung
Alle Zutaten miteinander vermischen und über Nacht in den Kühlschrank stellen.
Parallel dazu Buchweizen oder Chia in Wasser so einlegen, dass sie völlig bedeckt sind, und im Kühlschrank lagern.
Am nächsten Morgen überflüssiges Wasser abtropfen lassen und unter das fertige Müsli mischen.
Nach Belieben mit frischen Beeren, Bananen und etwas Honig oder Zimt verfeinern.

4

Vom Nutzen einer Klassengruppe oder: »Komisch, dass du das nicht mitbekommen hast«

Donnerstag, 19 Uhr. Die gesamte Familie sitzt einträchtig um den Esstisch und genießt ihr Abendessen. Es gibt Wraps; bei uns sehr beliebt, da jeder seinen Belag frei wählen kann. Während der Jüngste das angebratene Hühnchenfleisch am liebsten pur in sich hineinschaufeln würde, bevorzugt die Mittlere Tofu und Unmengen an Mais. Nur die Große fällt heute aus dem Rahmen. Mit eisiger Miene verfolgt sie das Tun ihrer Geschwister.

»Kohlenhydrate«, schnaubt sie und bedenkt ihren Thunfischsalat mit einem liebevollen Blick.

Die Mittlere zuckt mit den Schultern. »Ja, und?«

»Laut einschlägiger Studien soll man nach 18 Uhr keine Kohlenhydrate mehr essen«, informiert die Große. »Besser wäre sogar ab 17 Uhr, aber das ist für mich kaum umsetzbar, wenn ich lange Schule habe.«

Der Jüngste mustert sie skeptisch und beißt hingebungsvoll in seinen Wrap.

Grinsend lade ich mir eine gute Portion Crème fraîche auf den Teller. Als ich den tadelnden Ausdruck auf dem Gesicht der Großen sehe, erstarre ich in der Bewegung.

»Ja?«, frage ich, obwohl ich genau weiß, dass ich die Antwort nicht hören will.

»Ziemlich viel«, stellt sie fest.

Ich antworte mit einem undefinierbaren Brummen.

»Du weißt schon, dass diese Portion so viele Kalorien hat wie eine halbe Tafel Schokolade, oder? Nimm lieber mehr von dem Salat.«

Schlagartig erscheint mein Wrap nicht mehr so attraktiv wie zuvor. Dabei hatte ich mich den ganzen Tag auf das Abendessen gefreut.

Auf der Suche nach Ablenkung lasse ich den Blick durch den Raum schweifen. Er bleibt am Mann hängen, der sich gerade seinen vierten Wrap mit einer ordentlichen Portion Käse bestreut.

»Immer noch besser als die Unmengen, die da drüben vernichtet werden«, murre ich anklagend und schüttle dabei innerlich über mich selbst den Kopf. Ich bin mir echt für nichts zu schade.

Die Große zieht eine Augenbraue hoch. Diese Geste hat sie perfektioniert, und ich bin regelmäßig schwer beeindruckt, wenn sie mal wieder zur Anwendung kommt.

»Das stimmt«, räumt sie letztendlich ein und mustert ihren Vater mit gerunzelter Stirn. »Das ist schon dein vierter Wrap, Papa. Iss mal weniger, du achtest doch sonst auch immer darauf!«

Streng wendet sie sich mir zu. »Aber *er* hat in zwei Wochen kein sexy Shooting, und *er* hat sich auch nicht über eine Zunahme innerhalb der letzten beiden Wochen beschwert. Du meintest doch selbst, dass du nicht sicher bist, ob das noch zu retuschieren wäre.«

Vom Mann ertönt ein Husten, das verdächtig nach einem getarnten Lachen klingt. Bevor ich ihm einen Stoß mit dem Ellbogen verpassen kann, gibt mein Handy einen leisen Piepton von sich. Es liegt nur ausnahmsweise in Griffreichweite, weil ich einen wichtigen Anruf erwarte. Dankbar über die Störung lange ich hinter mich auf das Regal. Es wird Zeit, dass sich die Familie wieder ihrem Essen zuwendet.

»Mama!«, sagt die Große warnend, und auch die Mittlere räuspert sich vernehmlich. Selbst der Jüngste beäugt mich missbilligend. »Keine technischen Geräte am Essenstisch«, erinnert er.

Ich werfe einen schnellen Blick auf das Display, dann lege ich das Handy zurück. Irgendjemand aus dem Klassenchat des Jüngsten. Die Elternvertreterin hatte die gloriose Idee, eine WhatsApp-Gruppe zu gründen, um verschiedene Dinge wie zum Beispiel ein Geschenk für die Klassenlehrerin, die Organisation eines Basars oder die Kuchenverteilung für diverse Feste schnell und effektiv regeln zu können. Im Prinzip ein guter Gedanke, aber für meinen Geschmack wird die Gruppe zu häufig dazu genutzt, um Privatgeschichten oder wilde Gerüchte auszutauschen. Ich wollte nie wissen, dass Fabians Mama einen Transporter für ihre Möbel braucht, weil sie ihren Mann verlassen will. Ebenso wenig interessiert es mich, dass Kira aus der Parallelklasse schon dreimal Läuse hatte.

Folgsam widme ich mich wieder meinem hochkalorischen Wrap. Fest entschlossen, den ersten Bissen zu genießen, schiebe ich krampfhaft den Gedanken an die sich in der Crème fraîche befindliche Schokolade von mir. Ohne den liebevollen Hinweis der Großen würde mein Essen deutlich besser schmecken. Sexy Shooting. Erfolgreiche Retusche. Grrr.

Der Rest des Abendessens vergeht mit munteren Gesprächen und weiteren Seitenhieben, dieses Mal zum Glück auf Kosten des Mannes, der mittlerweile bei der dritten Portion meines Thunfisch-Dips angekommen ist. Nachdem wir gemeinsam den Tisch abgeräumt und die Teller in die Spülmaschine gestellt haben, verabschiedet sich die Große in ihr Zimmer. Angeblich muss sie sich auf ein *wichtiges Referat* vorbereiten, was keinerlei Aufschub duldet. Dass dabei Nebensächlichkeiten wie das Einräumen des Kühlschranks oder das Abwischen des Esstischs den Kürzeren ziehen, ist selbstverständlich.

Während sich meine große Tochter rückwärts zur Tür hinausschiebt, nehme ich mein Handy, um die vorhin eingegangene Nachricht zu lesen. Vermutlich geht es um die Schichteinteilung für das Schulfest. Immerhin findet es schon in zweieinhalb Monaten statt, wir sind also ziemlich spät dran mit unseren Vorbereitungen.

Josephina und ich gehen morgen in den Zoo. Möchte uns jemand begleiten?

Morgen *früh?*

»Verdammt«, zische ich durch zusammengebissene Zähne, als mir ein übler Verdacht kommt.

Die Große, die einen untrüglichen Riecher für sich anbahnende Dramen hat, kehrt erwartungsvoll um.

»Dieser Ausgleichstag von der Projektwochenpräsentation«, wende ich mich zögerlich an den Jüngsten, »ist der morgen?«

Er erwidert meinen Blick mit einem strahlenden Lächeln. »Ja! Morgen haben wir schulfrei!«

Gerade so kann ich ein verzweifeltes Stöhnen unterdrücken. So ein Mist. Das hatte ich total vergessen. Dem Gesichtsausdruck des Mannes entnehme ich, dass auch er diesen Termin nicht mehr auf dem Schirm hatte.

»Ihr habt es vergessen«, stellt die Große vom Türrahmen aus fest. »Das ist ja echt dumm gelaufen.«

»Wolltest du nicht in dein Zimmer gehen, um das Referat vorzubereiten?«, erinnere ich sie gereizt.

»Das kann noch kurz warten«, winkt die Große mit einem amüsierten Funkeln in den Augen ab.

»Ich erkundige mich, ob ein alternatives Betreuungsangebot stattfindet«, beschließe ich und tippe die entsprechende Frage in mein Handy.

»Bist du sicher, dass …«, setzt der Mann an, doch bevor er seinen Einwand formulieren kann, habe ich die Nachricht bereits abgeschickt.

Wenige Sekundenbruchteile später trifft die erste Antwort ein.

Hast du den Ausgleichstag etwa vergessen???

Nicht wirklich hilfreich. Es ist wohl besser, vorerst nicht zu reagieren. Früher oder später wird hoffentlich etwas Sinnvolles dabei sein.

Oh nein. Das ist ja dumm gelaufen.

Ja. Danke.

Ich hätte ja gesagt, dass er zu uns kommen kann, aber wir nutzen den Tag, um in den Freizeitpark zu fahren. Da ist unter der Woche weniger los. Mein Felix freut sich schon seit Wochen darauf.

Grmpf.

Komisch, dass du das nicht mitbekommen hast. Frau Kuhn hat das immer wieder betont.

Oh Gott. Sitzen die eigentlich alle vor ihren Handys und warten auf Nachrichten?

Auf dem letzten Elternabend wurde es auch thematisiert. Direkt nach dem Tagesordnungspunkt Sicherheit, bei dem es um die Freiwilligen für den Klassenpflegschaftsvorsitzenden ging.

Ja, das hatte ich wohl ebenfalls verdrängt.

Ach, das ist ja ungünstig. Die Betreuung hat auch zu.

Wenn ich noch mal diesen bescheuerten Affen sehe, der sich die Augen zuhält, drehe ich durch.

Er kann zu uns kommen. Ich habe mir extra freigenommen, damit Simon nicht allein sein muss.

Unmittelbar durchströmt mich Erleichterung. Ein Glück.

Ich ignoriere die in der Info versteckte Kritik und wende mich an den Jüngsten. Ganz im Gegensatz zur Großen, die mit offensichtlicher Erheiterung noch immer in der Tür steht und damit nicht nur ihre gute Referatsnote, sondern auch ihr Leben riskiert, hat er mein wechselndes Mienenspiel mit Anteilnahme beobachtet.

»Möchtest du morgen zu Simon?«, frage ich, woraufhin er einen Jubelschrei ausstößt.

»Ich wusste gar nicht, dass ihr so gut befreundet seid«, wundere ich mich.

»Simon ist langweilig«, gibt der Jüngste zu. »Aber er erzählt immer von den tollen Sachen in seinem Zimmer. Er hat einen eigenen Fernseher mit einer Playstation *und* einer Wii. Und er darf zocken, wann er will!«

Ich tausche einen irritierten Blick mit dem Mann. Diese Information passt so gar nicht zu dem Bild, das Simons Mutter auf zahlreichen Elternabenden von sich selbst und ihrem Erziehungsstil entworfen hat. Ich könnte schwören, dass dort die Rede von streng limitierten Fernsehzeiten und viel frischer Luft war. Na ja, vielleicht habe ich das falsch in Erinnerung und es handelte sich dabei um ein anderes Kind.

Gerne, wenn es nicht zu viele Umstände macht, schreibe ich in die WhatsApp-Gruppe. *Danke für das Angebot.*

Die Antwort erfolgt nur Sekunden später.

Ist alles kein Problem, wenn man seine Organisation im Griff hat.

Nachdem gefühlte fünf Stunden (in Wirklichkeit waren es nur anderthalb) später alle Kinder ins Bett oder – im Falle der Großen – zumindest in ihrem Zimmer verschwunden sind, sinke ich auf dem Tisch zusammen. Der Mann stellt sich hinter mich und massiert mir die Schultern.

»Das ist einer dieser Momente, in denen ich das Gefühl habe, auf ganzer Linie versagt zu haben und nichts hinzukriegen«, sage ich dumpf zur Tischplatte.

»Blödsinn«, widerspricht der Mann. »Du machst das alles super.«

»Aber ich habe mich weder freiwillig als Klassenpflegschaftsvorsitzende gemeldet, noch habe ich mir extra freigenommen, um mit meinem Sohn einen Freizeitpark zu besuchen«, argumentiere ich matt.

»Schatz«, beginnt der Mann nachdrücklich und streicht mir sanft über den Oberarm. »Wir haben drei wohlgeratene Kinder, die wirklich wunderbar sind. Meistens zumindest. Wir sind ein tolles Team, und kein Mensch käme auf die Idee, dass deine Erziehung auf irgendeiner Ebene gescheitert ist oder dass unsere Kinder vernachlässigt werden. Abgesehen davon war ich im letzten Schuljahr Klassenpflegschaftsvorsitzender.«

Obwohl ich noch immer deprimiert bin, kann ich mir ein Grinsen nicht verkneifen.

»Und ganz ehrlich«, fährt der Mann fort. »Wenn es zum guten Ton gehört, jeden Aspekt des Privatlebens in der WhatsApp-Gruppe offenzulegen, können wir das auch so handhaben.«

Er greift sich das Handy und tut, als diktiere er eine Sprachnachricht.

»Verbringe jetzt einen gemütlichen Fernsehabend mit dem Lieblingsmann und dem Lieblingstee. Wilde Sex-Orgie nicht ausgeschlossen.«

Lachend entreiße ich ihm das Gerät. »Wenn du das abschickst, sind wir das Hauptgesprächsthema der nächsten Woche, nein, des nächsten Monats.«

»Ja«, stimmt der Mann zu, während er aufsteht und den Wasserkocher anschaltet. »Aber nur, weil sie neidisch sind.«

Erste Hilfe

Fünf Strategien, auf die Sie zurückgreifen können, wenn Sie sich in der Klassengruppe einen Fauxpas erlaubt haben.

1. Die »Hoppla, mein Kind hatte das Handy«-Taktik
Hierbei ist es besonders wichtig, dass Sie betont unschuldig auftreten, um möglichst glaubwürdig rüberzukommen.

Im Folgenden finden Sie einen Chat-Verlauf, der eine von vielen Möglichkeiten darstellt.

Sie: *Hallo zusammen!*
Mutter 1: *?*
Mutter 2: *???*
Sie: *Ich war eben fürs Abendessen einkaufen und hatte mein Handy nicht mit. Die Kleinen haben sich frische Wraps gewünscht.* (Nutzen Sie die Gelegenheit, um Ihre fürsorgliche und liebevolle Seite zu betonen.) *Was habe ich verpasst?*
Mutter 2: *Du hast doch eben mit uns geschrieben?*
Sie: *Ausgeschlossen! Mein Handy lag zu Hause. Ich habe mich im Supermarkt geärgert, dass ich den Einkaufszettel nicht checken konnte. Fast hätte ich die Crème fraîche vergessen.*
Mutter 1: *Ähhh … dann hatte wohl irgendjemand dein Handy.*
Sie (in Großbuchstaben, um Ihr Entsetzen auszudrücken): *WAS?!* (Lassen Sie sich etwas Zeit, damit man annimmt, Sie würden gerade den Chatverlauf lesen.)
Sie: *Oh mein Gott! Das tut mir leid! Eines der Kinder muss am Handy gewesen sein. Das gibt's doch nicht!* (Warten Sie einen Moment, dann schieben Sie eine fassungslos wirkende

Entschuldigung nach. Diese wird auch den letzten Zweifler überzeugen. Verwenden Sie dabei unbedingt das Wort »Konsequenzen«, um Ihre aufrichtige Betroffenheit zu betonen.) *Sorry für das Chaos. Und vor allem für den Blödsinn, der da geschrieben wurde. Wie kann man bloß auf eine solche Idee kommen? Das wird Konsequenzen haben!*

2. Die »Habt ihr das tatsächlich ernst genommen?«-Taktik

Diese Herangehensweise basiert darauf, dass Sie Ihren zuvor begangenen Fehler als grandiosen Scherz ausgeben. Das könnte in etwa folgendermaßen aussehen.

Sie: *Äh … ihr habt das jetzt nicht ernst genommen, oder?*
Mutter 1: *?*
Mutter 2: *???*
Sie: *Mädels!* (Vertraute Anrede, um Ihre Irritation noch authentischer zu gestalten.) *Echt jetzt? Ihr habt wirklich geglaubt, dass ich so etwas schreiben würde?* (Peinliches Schweigen)
Sie: *Oh Mann. Ich hätte einen Smiley machen müssen. Dachte nur, es sei offensichtlich, dass ich solchen Mist niemals ernsthaft meinen könnte.*

3. Die »Buße tun«-Taktik

Seien Sie im Verlauf der nächsten Stunden und Tage besonders aufmerksam. Reagieren Sie auf jeden noch so unauffälligen Unterton. Fragen Sie nach! Machen Sie Mut! Schicken Sie wahlweise Kraftpakete oder Umarmungen, die Sie mit zahlreichen Herzchen, Teddybären und Smileys anreichern.

So wird Ihr Fauxpas zwar nicht vergessen werden, aber immerhin im Schatten Ihrer großartigen Taten verschwinden. Und einen Haufen neuer Freundinnen gewinnen Sie wie nebenbei dazu.

4. Die »Wir haben uns völlig missverstanden«-Taktik

Hier liegt ein großes Missverständnis vor, an dem niemand die Schuld trägt. Wichtig dabei ist, dass Sie das Mitleid der Beteiligten erregen.

Sie: … (Diese drei Punkte, die trauriges Schweigen ausdrücken, verfehlen Ihre Wirkung nie. Setzen Sie sie daher nur äußerst sparsam ein.)

Mutter 1: *?*

Mutter 2: *???*

Sie: *Ich glaube, hier liegt ein Missverständnis vor.*

Mutter 1: *Was meinst du?*

Sie: *Wir haben uns völlig falsch verstanden.* (Schicken Sie die folgenden Nachrichten in schneller Folge ab, sodass man den Eindruck hat, Sie würden Ihrem Gesprächspartner damit ins Wort fallen.)

Sie: *Wisst ihr,*

Sie: *ich hatte das ganz anders gemeint,*

Sie: *sorry, dass ich das so blöd ausgedrückt habe.*

Sie: *Echt. Tut mir voll leid. :-(((*

5. Die »Flucht in die Fremde«-Taktik

Wandern Sie aus. Am besten nach Nordkorea oder in die Vulkaneifel, um Buße zu tun. Den begangenen Fauxpas wird man Ihnen ohnehin niemals verzeihen und ewig nachtragen.

Mein Geheimtipp: Thunfisch-Dip

Eines unserer Lieblingsessen sind Wraps. Um den Belag noch abwechslungsreicher zu gestalten, mache ich gerne meinen Thunfisch-Dip, der für den gewissen Pfiff sorgt.

Zutaten
2 EL Remoulade
1 Becher Schmand
frischer Knoblauch
Chilipulver
2 Dosen Thunfisch im eigenen Saft
½ klein gehackte Zwiebel
2 Frühlingszwiebeln zum Garnieren
frisch gemahlener Pfeffer nach Belieben

Zubereitung
Remoulade und Schmand in einer Schüssel verrühren, bis eine cremige Masse entsteht.
Mit Salz, Pfeffer, Knoblauch und Chilipulver abschmecken.
Den abgetropften Thunfisch und die Zwiebeln zur Masse geben und gut vermischen.

Besonders lecker schmeckt der Dip garniert mit Frühlingszwiebel-Würfeln und frisch gemahlenem Pfeffer.

5

Im Yogastudio oder: »Oh Kleinod in der Lotusfrucht«

Fest umfasse ich den Gurt meiner Trainingstasche. Warum habe ich das getan? Ich weiß nicht, was mich geritten hat, dass ich meiner Freundin Silke zugesichert habe, ich würde an einer Yogastunde in ihrem Studio teilnehmen. Wenn ich wenigstens auf eine offene Teststunde bestanden hätte. Aber nein, ich habe mich natürlich zum Schnuppern in einem fortlaufenden Kurs überreden lassen.

Ich und Yoga. Das passt so gut wie ein wild wuchernder Löwenzahn auf einem englischen Rasen. Dass ich in dem Beispiel die ungeliebte Blume darstelle, ist wohl offensichtlich. Im Prinzip ist Yoga ein toller Sport, allerdings bin ich diejenige, die eher laute Musik braucht – und jemanden, der mich anschreit. Ebenfalls laut, versteht sich.

Zögerlich blicke ich mich um. Der Raum ist lichtdurchflutet, und die Wände sind in einem hellen Pastellton gestrichen. An der gegenüberliegenden Wand steht eine Buddha-Figur, und überall sind fremdartige Symbole zu finden, die sicherlich eine (mir unbekannte) Bedeutung haben. Am Boden liegen dunkelbraune Bastmatten, auf denen bereits einige Kursteilnehmerinnen ihre eigenen Decken und Handtücher ausgerollt haben.

Schnell nehme ich eine freie Matte in Beschlag. Wenig später sitze ich auf meinem pink-violetten Handtuch, dessen Farbe mir mittlerweile schrecklich unpassend vorkommt, und wappne mich für die Herausforderungen, die gleich auf mich zukommen werden.

Die erste naht schneller, als ich dachte – in Gestalt einer hageren Frau mit dunklem Haar, das sie in einem strengen Pferdeschwanz zusammengefasst hat. Sie muss um die sechzig sein und sieht definitiv nicht erfreut aus. Ich fürchte, das hängt weniger mit ihrem Alter als mit meiner Anwesenheit zusammen.

Mit einem Knall lässt sie ihre Tasche direkt neben meinen Beinen fallen und verschränkt die Arme vor der Brust. Gleichzeitig schießt sie einen durchdringenden Blick auf mich ab.

»Hallo?«, sage ich freundlich.

»Das ist mein Platz«, informiert sie mich, ohne sich mit einer Begrüßung aufzuhalten. Bevor ich irgendwie reagieren kann, spricht sie weiter. »Dieser Kurs läuft bereits seit zwei Monaten. Ich war in der ersten Stunde extra früh da, um genau *diese* Matte zu bekommen. Ihre Position ist einfach perfekt.«

»Ich …«, setze ich an, doch sie fährt fort, ohne mir Gelegenheit zu einer Antwort zu geben.

»Wenn Sie Wochen nach Kursbeginn hier auftauchen, können Sie nicht damit rechnen, Ihren Wunschplatz zu erhalten.«

»Kein Problem«, erwidere ich knapp und verzichte auf jegliche Entschuldigungen. Hoffentlich ist sie nach der Yogastunde besser drauf. Etwas Entspannung würde ihr guttun. Schnell raffe ich meine Sachen zusammen und trage sie zu einer anderen Matte. Vorsichtshalber vergewissere ich mich bei meiner neuen Nachbarin, dass ich nicht erneut einen bereits vergebenen Platz gewählt habe.

Wenig später betritt Silke den Raum. Sie trägt ein fließendes Shirt, das eine Schulter freilässt, und eine lange Stoffhose. Unauffällig mustere ich die anderen Kursteilnehmerinnen. Sie sind alle ähnlich gekleidet. Weite, bequeme Klamotten. Beklommen lasse ich den Blick an mir selbst herabwandern, und mir wird bewusst, dass mein gesamtes Auftreten »Neuling!«

schreit. Ich bin die Einzige, die nicht nur knappe Hot Pants, sondern auch ein figurbetontes Tanktop trägt. Wenn mich Silke gewarnt hätte, wäre ich garantiert nicht in meinem normalen Sport-Outfit erschienen. Alternativ hätte ich auch nachdenken können, dann wäre ich vermutlich selbst darauf gekommen, welche Kleidung einer Yogastunde angemessen wäre. Egal, jetzt ist es sowieso zu spät. Immerhin sehe ich gut aus.

Nach der Begrüßung, für die Silke ein philosophisch anmutendes Zitat ausgewählt hat, das den Genuss des Augenblicks zum Thema hat, folgt die Aufwärmphase. Diese soll eigentlich dazu dienen, den Körper langsam auf die kommenden Inhalte vorzubereiten. Bei mir hat es eher den Effekt, dass ich bereits nach wenigen Minuten nach Luft schnappe.

Es ist unglaublich anstrengend, im Schneidersitz die Knie auf den Boden zu drücken, gleichzeitig heimlich zu überprüfen, wie weit die anderen kommen, und dabei noch so auszusehen, als wäre man völlig entspannt und hätte keinerlei Schwierigkeiten mit der Lufteinteilung.

»Jeder in seinem eigenen Tempo«, sagt Silke mit ruhiger Stimme. »Jeder nur so weit, wie er kann. Ganz entspannt.«

Auch bei der nächsten Übung wage ich einen Blick über die Schulter. Alle anderen scheinen mühelos ihre Zehenspitzen erreichen zu können. Ich hingegen erstarre auf halbem Weg und komme trotz aller Anstrengung keinen weiteren Millimeter nach vorne. Warum habe ich mich zu diesem Kurs überreden lassen? Verzweifelt blicke ich zu Silke, die mir aufmunternd zulächelt. Obwohl sie eine gute Freundin ist, hege ich in diesem Moment Mordgedanken.

Das ändert sich auch in den darauffolgenden Minuten nicht, als sie uns zwingt, eine scheinbare Ewigkeit auf einem Bein zu stehen. Das andere Bein sollen wir anwinkeln und die Hände vor der Brust verschränken. Krampfhaft versuche ich, nicht das Gleichgewicht zu verlieren, was unweigerlich meine Nachbarin mit ins Verderben reißen würde. Ich fühle mich wie ein Flamingo, allerdings einer von der ungeschickten Sorte.

Als ich davon überzeugt bin, es könne nicht mehr schlimmer kommen, stimmt Silke plötzlich ein Mantra an, in das nach und nach alle einfallen.

Ich bemühe mich, beim allgemeinen Gesumme mitzumachen, obwohl ich mir dabei mehr als merkwürdig vorkomme. Nun bin ich also ein summender Flamingo.

»Was bedeutet eigentlich dieses »Omh?«, wispere ich leise in Richtung meiner Nachbarin.

Sie öffnet halb die Augen und flüstert etwas Unverständliches zurück.

»Wie?«, hake ich nach.

»Om mani padme hum!«, zischt sie etwas lauter. »Oh Kleinod in der Lotusfrucht.«

»Alles klar«, murmle ich. »Danke.«

Unvermittelt kommt mir die Erinnerung an meinen ersten Geburtsvorbereitungskurs in den Sinn. Die ausführende Hebamme verglich diverse Körperregionen mit einer Seerose. Als sie zur besseren Visualisierung auch noch verlangte, die Seerose solle sich abwechselnd verschließen und öffnen, war es um meine Selbstbeherrschung geschehen. Dummerweise hatte ich mit meinem Heiterkeitsausbruch die Schwangeren um mich herum angesteckt, sodass ich nach einer amüsanten Viertelstunde des Raumes verwiesen wurde. Dafür hatte ich einige neue Freundinnen gewonnen; die Hebamme gehörte allerdings nicht dazu.

Egal. Das ist lange vorbei. Zum Glück.

Widerwillig wende ich mich wieder dem Mantra zu.

Oh Kleinod in der Lotusfrucht. Alles klar.

Ich hätte gar nicht nachfragen sollen. Wieder mal bewahrheitet sich, dass man nicht *alles* wissen muss.

Nach der Einstimmung sollen wir uns durch eine Körperreise unserer Eigenwahrnehmung bewusster werden. Das klingt erholsam. Interessiert beobachte ich, wie Silke eine massive Metallschale in Position rückt und beginnt, mit einem Klöppel über den Rand zu streichen. Sofort erfüllt ein meditatives Summen den Raum.

Ich schließe die Augen und versuche, mich zu entspannen. Die Gedanken sollen geleert werden. Wir sollen uns komplett auf unsere Mitte konzentrieren. Ein wenig Ruhe habe ich mir echt verdient. Der Arbeitstag heute war unfassbar anstrengend. Als der Kollege …

Ach ja. Ich sollte ja meine Gedanken leeren. Das hatte ich vergessen.

Wie lange geht eigentlich der Kurs? Diese Klangschale erinnert mich an das Geräusch unserer Waschmaschine. Heute Abend muss ich noch die Wäsche aufhängen.

Stopp. Gedanken leeren.

Verdammt. Habe ich die Maschine überhaupt angeschaltet, bevor ich weg bin? Ich war im Keller, um mein Oberteil zu holen. Aber habe …

Ach, verflucht. Ich sollte doch meine Gedanken leeren.

Auch in den folgenden Minuten gelingt es mir nicht, meinen Kopf auszuschalten. Während die anderen Frauen nach Beendigung dieser Phase wirken, als tauchten sie aus einer anderen Welt auf, bin ich im Kopf immerhin die Termine für den nächsten Tag und den Einkaufszettel durchgegangen. Nur erholt bin ich leider nicht.

Nach den anschließenden Atemübungen, die ich mit zweifelhaftem Erfolg absolviere, nähern wir uns dem eigentlichen Albtraum der Stunde. Silke führt uns durch verschiedene Yoga-Positionen, die sie mit einer beneidenswerten Eleganz umsetzt. Bei ihr sieht es kinderleicht aus, dennoch habe ich Bedenken, auch nur ansatzweise eine dieser Bewegungen nachahmen zu können. Sagte sie nicht, das sei ein Anfängerkurs? Habe ich vielleicht die Termine verwechselt? Eigentlich hatte ich mit der *Katze*, der *Kobra* oder einer der anderen Einsteigerübungen gerechnet, die mir Google bei der Recherche »Yoga für Anfänger« ausgespuckt hatte.

Unter halb geschlossenen Lidern spähe ich umher. Anscheinend haben meine Mitstreiterinnen keine Probleme, den vorgegebenen Abläufen zu folgen. Sogar die hagere Platzverteidigerin bewegt sich mit einer Leichtigkeit, die mich vor Neid erblassen lässt. Wenn die das schafft, kann es nicht so schwer sein.

Entschlossen begebe ich mich in die korrekte Position. Zumindest glaube ich, dass ich das tue. Na ja, ich hoffe es zumindest.

Für ganze fünf Sekunden kann ich das Gleichgewicht halten, dann breche ich mit einem erstickten Keuchen zusammen. Doch nicht so einfach, wie es aussieht.

»Sorry«, sage ich, woraufhin mich von allen Seiten mahnende Blicke treffen, die von einem knappen »Scht!« begleitet werden.

»Tut mir leid«, murmle ich peinlich berührt, was mit erneutem Gezische beantwortet wird.

Eingeschüchtert sehe ich zu Silke. Sie hat Mühe, sich ein Grinsen zu verkneifen. Miese Schlange.

Komm schon, Janine. Sie ist deine *Freundin!* Sie wollte dir mit diesem Kurs etwas Gutes tun. Sie wollte, dass du besser abschalten kannst. Projiziere nicht deinen Ärger auf sie. Silke kann nichts dafür.

Bei der nächsten Übung gebe ich erneut alles. Dieses Mal schaffe ich es zwar, mich länger aufrecht zu halten, dafür verliere ich aber dermaßen gründlich das Gleichgewicht, dass meine wild rudernden Arme tatsächlich meine Nachbarin erwischen und aus der Konzentration reißen.

Sie trägt den unverhofften Anschlag mit Fassung, doch ich kann mich nicht mehr zurückhalten.

Als ich sehe, wie sie auf einem Bein herumschwankt und mich an den Flamingo erinnert, der mir seit der Übung zu Beginn der Stunde im Kopf herumspukt, ist es um mich geschehen. Ich breche in hysterisches Gekicher aus, was ich erfolglos als Hustenanfall tarne. Ich *huste* so heftig, dass mir die Tränen in die Augen schießen.

»Sorry, verschluckt«, stoße ich heiser hervor, was die Missbilligung der anderen unmittelbar in Mitleid verwandelt. Glück gehabt. Das darf mir auf keinen Fall wieder passieren.

Silke hat eine Augenbraue hochgezogen und betrachtet mich mit unverhohlener Belustigung. Dem Funkeln ihrer Augen entnehme ich, dass sie keine Sekunde auf meine Täuschung hereingefallen ist. Ich hoffe, sie weiß zu schätzen, dass ich mich hier abquäle.

Der Rest des Horrorkurses verläuft abgesehen von einigen Balanceproblemen erfreulich ereignislos, und nachdem Silke die Stunde beendet hat, bin ich umso sicherer, dass Yoga definitiv nichts für mich ist.

Als ich dem eleganten Studio entkommen bin, kann ich ein erleichtertes Aufstöhnen nicht unterdrücken. Da lobe ich mir meine Powerplate. Immerhin nötigt mich diese nicht, während des Trainings Mantras zu summen.

Als ich nach Hause komme, hat der Mann die Kinder dankenswerterweise schon ins Bett gebracht.

»Wie war der Yogakurs?«, fragt er. »Entspannend?«

»Eher kraftraubend und peinlich«, berichte ich düster. »Und stressig. Ich glaube, ich habe kein Fettnäpfchen ausgelassen. Mir war nicht klar, wie viel man da falsch machen kann. Echt, ich bin total fertig. Zuerst dieser heftige Arbeitstag und dann noch dieser Kurs. Ich will einfach nur auf die Couch.«

»Du siehst in deinen Sportklamotten echt zum Anbeißen

aus«, stellt der Mann bewundernd fest und zieht mich an den Hüften zu sich heran. Seinem verlangenden Blick ist deutlich anzusehen, was er vorhat.

»Schatz«, seufze ich. »Bitte. Ich will einfach nur einen ruhigen Abend.«

»Wir müssen nicht reden«, bemerkt der Mann unschuldig und küsst mich auf den Hals.

Ich seufze und schiebe ihn weg. »Ich will auf der Couch liegen und mich nicht bewegen.«

»Du musst dich nicht bewegen«, informiert der Mann mich mit einem verschmitzten Glitzern in den Augen. »Ich kriege das auch so hin.«

»Heute bewegt sich gar nichts mehr«, sage ich.

»Aber ...«, setzt der Mann an.

»Vergiss es«, unterbreche ich ihn bestimmt. »Das Kleinod in der Lotusfrucht bleibt heute unangetastet!«

Der Mann zieht eine Augenbraue hoch, und gleichzeitig brechen wir in Gelächter aus.

Erste Hilfe

Fünf Ausreden, die Sie bemühen können, wenn Sie keinesfalls an einer sportlichen Aktivität teilnehmen wollen.

1. Die »Dramatischer Anruf von zu Hause«-Taktik

Sie: »Oh nee, ich glaube, mein Handy klingelt. Sorry, da muss ich rangehen, heute ist der neue Babysitter zum ersten Mal alleine mit den Kids.« *(Achten Sie im Folgenden auf einen unterschwellig genervten Stimmklang, der sich im Verlauf des Gesprächs zu echter Sorge wandelt. Das können Sie bereits zu Hause üben. Nehmen Sie ein Selbstgespräch auf und analysieren Sie Ihren Tonfall, notieren Sie sich Verbesserungsideen für mehr Authentizität. Eine gute Vorbereitung zahlt sich aus!)*

Sie: »Oh … *(Pause)* Okay … *(Erneute Pause, in der Sie sich gestresst durch die Haare fahren)* Oh nein. Ja. Ja, klar. Nein, das ist in Ordnung. Ich komme sofort.« *(Legen Sie auf und stoßen Sie einen tiefen Seufzer aus.)*

Sie: »Ach Mist. Der Jüngste hat sich gerade mitten auf unseren Wohnzimmerteppich übergeben. Die Babysitterin ist völlig überfordert und den Tränen nahe. Ich muss los. *(Enttäuschtes Schnauben)* Wie ärgerlich! Gerade heute hatte ich mich so auf den Sport gefreut!«

2. Die »Eine Verwechslung. Wie peinlich«-Taktik

Im ersten Moment etwas unangenehm, dafür unglaublich effektiv.

Geben Sie einen Laut des Erstaunens von sich und blicken Sie sich irritiert um.

Sie: »Was? Das hier ist der Yogakurs?« *(Raffen Sie jetzt Ihre Sachen zusammen und bewegen Sie sich rückwärts auf die Tür zu.)*
Sie: »Ich bin eigentlich zum Kickboxen angemeldet. Eine Verwechslung. Wie peinlich.«

Suchen Sie das Weite, bevor Sie jemand aufhalten kann.

3. Die »Eben war noch alles bestens«-Taktik

Für diese Strategie ist es von größter Wichtigkeit, dass Sie wirken, als könnten Sie es kaum zu erwarten, endlich zu starten. Sie müssen brennen!

Lassen Sie etwa fünf Minuten verstreichen, in denen Sie wirklich *alles* geben. Dann ist die Zeit für Ihren großen Auftritt gekommen. Stoßen Sie ein schmerzerfülltes Zischen aus und gehen Sie zu Boden. Umfassen Sie Ihren Knöchel oder wahlweise das Knie und atmen Sie zittrig aus und ein. Alternativ können Sie auch die Handflächen auf den Magen drücken und langsam in sich zusammensinken. Egal, welche Variante Sie wählen, Sie werden mit Sicherheit die Aufmerksamkeit auf sich ziehen.

Achten Sie im Folgenden darauf, dass Ihre Stimme angespannt und ein wenig heiser klingt.

Sie: »Au ... keine Ahnung, was das ist ... Eben war noch alles bestens ... ganz plötzlich ...« *(Dramatisches Verstummen)*

»Ich glaube, ich steige erst mal aus … vielleicht wird es ja besser …«

Wichtig: Achten Sie darauf, es nicht zu übertreiben. Schließlich wollen Sie nicht, dass eine Ihrer übereifrigen Mitstreiterinnen den Notarzt holt.

4. Die »Prosecco«-Taktik
Diese Möglichkeit verspricht viel Spaß, hat jedoch zwei Nachteile:
Sie müssen zuvor einkaufen.
Sie können hinterher nicht mehr fahren.

Sie: »Ach Mädels, seid ihr heute auch in Party-Stimmung? Ich hatte einen echt langen Tag und dachte mir, es wäre jetzt nett, zusammen abzuhängen und einfach mal die Seele baumeln zu lassen.«

Befördern Sie nun mehrere Flaschen Prosecco aus Ihrer Sporttasche. Warten Sie nicht auf die Reaktionen, sondern schenken Sie ein. Mit einem Glas purer Verführung vor der Nase wird Ihnen niemand mehr widersprechen.

5. Die »Wie konntest du mir das antun«-Taktik
Nur im Notfall anzuwenden! Im Groben beruht dieser Ansatz darauf, dass Sie eine andere Person eines Vergehens bezichtigen und damit Ihren eigenen Abgang rechtfertigen.

Ihre Inszenierung besteht aus zwei Schritten. Zuerst erkennen Sie die vermeintliche Übeltäterin, anschließend konfrontieren Sie sie mit Ihrem angeblichen Fehltritt.

Hier gilt: Je dramatischer, desto besser.

Sie: »Miriam? Etwa *die* Miriam? ... Du hast mir damals in der neunten Klasse den Freund ausgespannt!«

Sie: »Diese Stimme ... Aha! Du warst in der Parallelklasse und hast mir in der Pause Drogen untergeschoben! Du hast mein Leben ruiniert!«

Sie: »Irgendwie kommst du mir bekannt vor ... Na klar! Du hast letzte Woche mein Fahrrad zu Schrott gefahren und bist danach abgehauen!«

Es ist nicht zu leugnen, dass die Gefahr besteht, Ihr Opfer nachhaltig zu verstören. Allerdings überwiegen die Vorteile: Ihr Opfer wird voraussichtlich so verwirrt sein, dass es stumm Ihren Vorwürfen lauschen wird.

Vergessen Sie also Ihre Skrupel, Sie sehen diejenige ohnehin nicht wieder.

Mein Geheimtipp: Green Smoothie

Die perfekte Ergänzung zu einer mehr oder minder erfolgreichen Yogastunde bietet ein grüner Smoothie. Für die Zubereitung verwende ich gefrorene Zutaten, da in diesen viele Vitamine enthalten sind. Zudem erhält der Smoothie dadurch eine angenehme Temperatur.

Zutaten für 1 Person
1 Handvoll Grünkohl
1 Handvoll Spinat
1 Handvoll Blaubeeren
1 Banane
1 großer Spritzer Zitronensaft
Mandel-, Hafer- oder Kokosmilch zum Auffüllen
1 EL Haferflocken oder Chiasamen für mehr Substanz

Zubereitung
Alle Zutaten im Standmixer oder Smoothie-Maker pürieren.

Meinen Green Smoothie ergänze ich gerne mit einem pflanzlichen Pulver. Chlorella, Spirulina, Weizengras, Hanf, Kurkuma, Acai, Maca … Diese Mischungen kosten zwar in der Anschaffung etwas mehr, halten aber ewig.

Aber machen wir uns nichts vor: Die gesunden Green Smoothies schmecken alle nicht besonders gut, dafür sind sie jedoch wahnsinnig wirkungsvoll.

6

Soziale Netzwerke oder: »Vielleicht hätten wir unser Mittagessen fotografieren sollen!«

Zufrieden schließe ich die Haustür hinter mir. Das wäre geschafft. Obwohl ich es nicht für realistisch gehalten hatte, kann ich mir tatsächlich den Rest des Tages freinehmen. Dass es im Vorfeld ein Berg Arbeit war, der mich einige Nerven gekostet hat, nehme ich gerne in Kauf dafür, dass ich endlich mal wieder Zeit mit meiner großen Tochter verbringen kann. Vielleicht lackieren wir uns gemeinsam die Nägel? Ich habe im Drogeriemarkt einen Nagellack in einem genialen Magentaton entdeckt, den ich unbedingt mitnehmen musste. Alternativ könnten wir einen Serienmarathon veranstalten. Oder essen und dabei quatschen? Warum nicht alles gleichzeitig? Ach, die Möglichkeiten sind schier unendlich!

Zuerst knuddle ich den Hund, der über mein unverhofftes Auftauchen völlig aus dem Häuschen ist.

In der Küche angekommen, stelle ich die Tüten mit den frischen Zutaten ab, die ich eben noch im Supermarkt besorgt habe, und mache mich umgehend an die Arbeit. Die Große wird Augen machen. Sicher rechnet sie damit, dass sie im Kühlschrank etwas zum Aufwärmen findet. Stattdessen werde ich sie mit selbst gemachten Spaghetti Bolognese und grünem Salat empfangen. Geschickt hacke ich Zwiebeln und Petersilie und erhitze parallel dazu den Topf, um das Fleisch anzubraten. An diesem Rezept habe ich mehrere Jahre gefeilt. Ich sollte das viel häufiger machen.

Eine knappe halbe Stunde später ist die Bolognese abgeschmeckt, der Salat ist geputzt, die Küche aufgeräumt, und ich nutze die Gelegenheit, um den Tisch zu decken.

Nachdem sämtliche Vorbereitungen abgeschlossen sind, blicke ich auf die Uhr. Es ist kurz nach halb zwei. Perfekt. Die Große wird jeden Moment zur Tür hereinkommen. Ich vermische den Salat mit dem Dressing und bestreue ihn mit Pinienkernen, dann schalte ich den Backofen aus, setze mich an den Tisch und warte.

Zehn vor zwei. Vermutlich hat sie den späteren Bus genommen. Aber auch in diesem Fall müsste sie mittlerweile angekommen sein.

Fünf vor zwei. Das gibt's doch nicht! Wo bleibt sie? Ob ich etwas verwechselt habe? Ungeduldig sehe ich auf den Stundenplan, der mit bunten Magneten am Kühlschrank befestigt ist. Heute ist Mittwoch! Sie hat definitiv nur sechs Stunden!

Zwei Uhr. Die Nudeln sind bestenfalls lauwarm, und der Salat ist kläglich im Dressing ertrunken. Hoffentlich taucht sie überhaupt noch auf.

Zehn nach zwei. Endlich höre ich den Schlüssel im Schlüsselloch, was unmittelbar dafür sorgt, dass mir mehrere Kilo Steine vom Herzen fallen. In den vergangenen Minuten war ich damit beschäftigt, diverse Horrorszenarien durchzugehen, die sich in diesem Moment glücklicherweise alle in Luft auflösen.

Die Große kommt reingeschlurft und feuert ihren Rucksack in die Ecke. Spontan beschließe ich, mir von der Verspätung nicht die Laune verderben zu lassen. Wenn ich sie jetzt mit einem Vortrag zum Thema Pünktlichkeit empfange, verderbe ich uns beiden den Nachmittag. Abgesehen davon konnte sie nicht wissen, dass ich auf sie warte.

»Hallo, Schatz«, rufe ich fröhlich. »Komm in die Küche!«

»Was ist?«, fragt die Große statt einer Begrüßung und beäugt irritiert die beiden großen Pfannen auf der Spüle. »Hast du heute etwa schon mittags gekocht?«, schiebt sie ungläubig hinterher, als sie den gedeckten Tisch sieht.

»Tu doch nicht so, als wäre das was Außergewöhnliches«, erwidere ich mit einem Lachen. »Spaghetti Bolognese mit grünem Salat und Pinienkernen. Dein Lieblingsessen!«

»Ist etwas passiert?«, hakt sie misstrauisch nach. »In den Filmen gibt es immer das Lieblingsessen als Henkersmahlzeit, kurz bevor die Eltern die Bombe platzen lassen. Ihr wollt mich doch nicht in ein Internat schicken?«

»Ach Quatsch. Nichts ist passiert«, versichere ich, während ich mich frage, wie meine Tochter auf eine solche Idee kommt. Wobei, ich kann nicht behaupten, dass ich die Sache mit dem Internat noch nie in Erwägung gezogen hätte. Egal. »Ich dachte, wir zwei Mädels könnten mal wieder in Ruhe essen und quatschen«, erkläre ich.

»Hab keinen Hunger«, informiert mich die zukünftige Internatsschülerin knapp und macht Anstalten, die Küche zu verlassen. Bitte was?

»Du hast keinen Hunger?«, wiederhole ich entsetzt. »Aber ich habe extra gekocht.«

»Hab mir auf dem Heimweg was beim Döner geholt.« Sie zuckt mit den Schultern. »Wusste nicht, dass du heute Mittag zu Hause bist. Hast du das heute Morgen erwähnt?«

»Ich wollte dich überraschen. Magst du wenigstens mal probieren?«, flehe ich und bin mir bewusst, dass mein Tonfall hart an Verzweiflung grenzt. Immerhin zittert meine Stimme (noch) nicht.

Meine Enttäuschung scheint der Tochter ebenfalls nicht entgangen zu sein.

»Doch, klar«, sagt sie gnädig, nimmt am Tisch Platz und erlaubt, dass ich ihr eine kleine Portion auftue.

»Schmeckt super«, gibt sie zu und lächelt mich an, woraufhin meine gute Laune sofort wiederhergestellt ist.

Nachdem wir einige Minuten schweigend gegessen haben, beschließe ich, die Stille mit der typischen und universal einsetzbaren Elternfrage zu unterbrechen. Der Klassiker der Gesprächseröffnung.

»Wie war's heute in der Schule?«

»Gut«, sagt sie.

»Gab's irgendetwas Besonderes?«

»Nö«, sagt sie.

»Viele Hausaufgaben?«

»Es geht.«

»Was hast du heute noch vor?«, frage ich. »Ich dachte, wir …«

»Bin nachher mit Hanna verabredet.«

Ich bemühe mich, mir meinen Frust nicht anmerken zu lassen. Vorbei ist die Zeit, in der eine gemeinsame Aktivität mit Mama das Größte war. Wehmütig erinnere ich mich an früher, als meine Vorschläge mit Begeisterung zur Kenntnis genommen wurden und eher ich diejenige war, die um etwas Abstand kämpfen musste. Manchmal vergesse ich einfach, dass meine älteste Tochter kein kleines Mädchen mehr ist. Klar, dass sie ihre eigenen Pläne hat. Ziemlich naiv von mir, anzunehmen, sie sei ohne Ankündigung frei verfügbar. Ich war so angetan von der Idee, sie zu überraschen, dass ich mögliche Schwierigkeiten komplett ausgeblendet habe. Ich muss zugeben, dass ich etwas voreilig war.

»Was habt ihr geplant?«, erkundige ich mich betont locker.

»Nichts Besonderes. Wir schauen ein paar Videos an. Hanna hat endlich einen eigenen Laptop bekommen, und ich helfe ihr beim Einrichten. Und dann wollen wir ihr einen Facebook-Account anlegen«, zählt sie auf und wird dabei immer leiser.

»Du weißt, was ich von sozialen Netzwerken halte«, bemerke ich. »Man muss nicht alles öffentlich machen. Manchmal glaube ich, dass euch gar nicht klar ist, welche Gefahren damit verbunden sind. Ich bin nicht sicher, ob ihr alt genug seid, um solche weit reichenden Entscheidungen zu treffen.«

»Facebook ist ab dreizehn«, informiert sie mich.

»In Spanien und Südkorea ab vierzehn«, murmle ich.

»Mama! Das ist doch völlig egal«, mault sie augenrollend, offensichtlich unbeeindruckt von meiner Allgemeinbildung. »Ich verstehe nicht, was für ein Problem du damit hast. Was ist denn schon dabei? Bei Insta ist sie sowieso seit Ewigkeiten registriert.«

»Und gerade da ist es bedenklich, dass die Nutzer animiert werden, irgendwelche Fotos zu posten. Mit diesen Infos sollte man verantwortungsbewusst umgehen«, erwidere ich. »Die krallen sich sämtliche Daten und speichern sie! Wenn sie einen Instagram-Account hat, muss sie nicht auch noch zu Facebook.«

»Wieso?«, fragt die Große. »Facebook und Insta gehören eh zusammen. Ich kapiere sowieso nicht, dass du mir das eine erlaubst und das andere nicht.«

»Mittlerweile wird jeder Schritt, den man tut, im Internet dokumentiert«, beharre ich. »Vielleicht hätten wir unser Mittagessen fotografieren sollen. Gibt's da nicht eine Sparte, die sich Food Blogging nennt? Im Ernst. Ich kann keinen Vorteil darin erkennen, dass die Welt über alles Bescheid weiß.«

»Die *Welt*«, schnaubt sie. »Du übertreibst. Außerdem nutzt du doch selbst WhatsApp! Und das gehört ebenfalls zu Facebook.«

Mist. Jetzt hat sie mich. Andererseits …

»Es ist ein Unterschied, ob man bergeweise *Freunde* und *Follower* sammelt, die man nicht persönlich kennt, oder mit Bekannten schreibt«, argumentiere ich und ziehe damit zumindest halbwegs meinen Kopf aus der Schlinge.

»Das schon«, gibt sie zu. »Aber trotzdem kapiere ich nicht, weshalb du so strikt dagegen bist. Alle anderen sind bei Facebook. Ich bin die Einzige, die keinen Account hat.«

»Und das ist gut so«, bestätige ich. »Du bist interessant genug, auch ohne dass man dein komplettes Privatleben im Netz nachverfolgen kann. Abgesehen davon verbringst du ohnehin viel zu viel Zeit am Handy.«

»Heute macht man alles mit dem Handy«, hält sie mir entgegen. »Alles! Und ich habe das Gefühl, dass ich die Einzige bin, die feste Handyzeiten hat und sich da einschränken muss. Sophie darf jederzeit auf ihr Handy schauen, auch beim Essen. Die ganze Familie checkt die Nachrichten, obwohl sie zusammen am Tisch sitzen. Und Laura hat ihren eigenen YouTube-Kanal, auf dem sie Beauty-Videos postet, Produkte vorstellt und ihre neuesten Entdeckungen zeigt. Sie hat sogar Gratisproben von einer tollen Marke bekommen, um diese zu bewerben! Und Miriam ...«

»Ist mir egal, was die anderen machen«, unterbreche ich sie. »Du bist meine Tochter, und ich möchte nicht, dass du andauernd auf das Ding guckst. Die Teile sind echte Zeitfresser und zusätzlich fiese Gesprächskiller.«

Die Große schnaubt resigniert. Parallel dazu gibt ihr Handy ein lautes *Pling* von sich, woraufhin sich ihre gesamte Aufmerksamkeit unmittelbar auf das kleine Gerät richtet.

Unsere Grundsatzdiskussion ist wohl beendet, und der Tochter scheint die Ironie der Situation gar nicht bewusst zu sein.

»Wie siehts eigentlich aus mit Hausaufgaben?«, wage ich nach einigen Minuten zu fragen, da die Große nicht den Eindruck macht, irgendwann wieder freiwillig von ihrem Display aufzublicken.

»Mache ich bei Hanna«, entgegnet sie knapp.

»Und steht nicht diese Woche der Englischtest an?«, taste ich mich vorsichtig weiter. »Ich könnte dich abhören.«

Vokabeln abfragen kriege ich gerade so hin, nur bei Mathe und Physik werfe ich das Handtuch. Seit eine Diskussion über binomische Formeln fast in einem Ringkampf geendet hätte, fallen diese Fächer in den Zuständigkeitsbereich des Mannes.

»Mama«, stöhnt die Große entnervt. »Der Test ist erst am Freitag! Heute ist Mittwoch! Ich habe noch ewig Zeit zum Lernen.«

»Heute und morgen«, stelle ich fest.

»Ja«, stimmt die Große ungerührt zu. »Reicht locker, wenn ich morgen anfange. Sind nur fünfundzwanzig Sportarten. Total unnötig.«

»Okay«, erwidere ich. »Du bist alt genug, um das einschätzen zu können.«

»Dann bin ich ebenfalls alt genug, um einen Account bei …«

»Fang nicht wieder damit an«, stoppe ich sie. »Das haben wir eben schon diskutiert. Ich werde meine Meinung nicht ändern. Du hast auch ohne die sozialen Medien eine Chance auf eine glückliche Kinder- und Jugendzeit. Ende.«

Die Älteste steht auf, schnappt sich ihren Rucksack und stürmt ohne ein Wort aus der Küche. Ich rechne fest damit, als Nächstes das Knallen der Haustür zu hören. Stattdessen schiebt sich nach ungefähr dreißig Sekunden ihr Kopf durch den Türrahmen.

»Danke, dass du für mich gekocht hast«, sagt sie mit einem Lächeln. »Hebst du mir den Rest für heute Abend auf? Hat wirklich lecker geschmeckt.«

Ich nicke ihr zu, während sich in meinem Bauch ein warmes Gefühl ausbreitet. Sie weiß meine Bemühungen also doch zu schätzen, selbst wenn sie eine ziemlich unkonventionelle Art hat, es zu zeigen. Aber einen Facebook-Account braucht sie trotzdem nicht.

Erste Hilfe

Fünf Strategien, auf die Sie zurückgreifen können, um der Tochter zu beweisen, dass Instagram, Facebook und Co. der Teufel sind.

1. Die »Das Internet vergisst nicht«-Taktik

Fotografieren Sie sich selbst mit einem Berg Spaghetti auf dem Kopf. Halten Sie außerdem ein Schild in der Hand:

Schickt dieses Bild um die Welt, um meiner Tochter zu beweisen, dass das Internet nicht vergisst. Sei wachsam, Schatz!

Lassen Sie nun die neuen Medien für sich arbeiten. Es wird keine zwei Stunden dauern, bis Ihre Aktion bekannt wird.

Sie sollten sich allerdings im Klaren darüber sein, dass das Posting auf alle Ewigkeit im Netz kursieren wird. Aber genau das macht diese Taktik so wirkungsvoll; nicht nur Ihr Kind, sondern auch Sie selbst werden Ihr Leben lang etwas davon haben!

2. Die »Eltern sind so peinlich«-Taktik

Bei diesem Ansatz bieten sich zwei Varianten an, Voraussetzung für beide ist jedoch, dass Sie die jeweiligen Accounts Ihrer Tochter kennen.

a) Freunde der Familie sind zu Besuch

Warten Sie, bis Ihre Tochter nichtsahnend den Raum betritt. Dann seufzen Sie laut und sagen Sie etwa Folgendes:

Sie: »Da ist sie ja, die Arme.«
Besuch: »Die Arme? Was ist denn passiert?«

Sie *(mitleidig)*: »Sie hat ihren Facebook-Status in *Es ist kompliziert* geändert. Das sagt schon alles aus. Ich fürchte, sie hat ernsthafte Probleme. Mein Schatz, was ist passiert? Du weißt, du kannst mir alles sagen!«

b) Freunde Ihrer Tochter sind zu Besuch
Suchen Sie einen Vorwand, unter dem Sie das Zimmer Ihrer Tochter betreten können. Bringen Sie Kekse oder Saft vorbei, das festigt gleichzeitig Ihren Ruf als perfekte Gastgeberin.

Sie: »Hey, seid ihr alle zur mentalen Unterstützung der Großen da?«
Freunde *(irritiertes Schweigen)*
Sie: »Na, sie hat doch ihren Facebook-Status in *Verliebt* geändert. Wer ist denn der Glückliche? Ich tippe ja auf Elias. Ist euch schon mal aufgefallen, wie rot sie wird, wenn er sie anschaut?«

Hinweis: Diese Version ist besonders effektiv, wenn sich der vermeintliche Schwarm ebenfalls im Zimmer befindet.

3. Die »Hacker-Angriff«-Taktik
Hierfür brauchen Sie ein wenig schauspielerisches Talent. Erzählen Sie beim Abendessen mit schreckgeweiteten Augen davon, dass der Account der Cousine der Tochter einer Bekannten gehackt wurde – mit schrecklichen Folgen.

Der Hacker habe, so berichten Sie, haufenweise unnötige oder fragwürdige Nachrichten gepostet. Werbeanzeigen für Sonnenbrillen seien genauso darunter gewesen wie sinnige Zitate oder Sätze wie »Du wirst nicht glauben, was diese Frau in zwei Wochen geschafft hat!«, die mit einem Werbelink hinterlegt sind.

Wenn Ihre Familie jetzt noch nicht in erschüttertem Schweigen am Tisch sitzt, erwähnen Sie die regelmäßigen Spam-Einträge auf den Pinnwänden der Freunde; das wird allen die Augen öffnen. Natürlich möchte keiner das Schicksal der Cousine der Tochter einer Bekannten teilen.

4. Die »Jemand stalkt dich!«-Taktik

Generieren Sie verschiedene Accounts und erfreuen Sie Ihr Kind mit anonymen Botschaften. Dabei sind der Fantasie keine Grenzen gesetzt. Wichtig ist nur, dass Sie in so hoher Frequenz schreiben, dass Ihre Tochter irgendwann zu genervt ist, um sich noch mal einzuloggen.

ShadowwalkerXXL: *hy süße. deine pics sind so nice. lust aufn kaffee bei starbucks? sicher brauchste keinen zucker weil du selbst so sweet bist*

BFFforever: *Hallo!!! Wie schön, dass du jetzt auch hier angemeldet bist!! Schreib mal zurück!!!*

…

Du bist online!!! Wieso meldest du dich nicht??? Ich vermisse dich!!!

…

Hey!!! Fühlste dich zu cool, um mit mir zu chatten???

siehabengewonnen2019: *Guten Tag. Sie haben gewonnen. Wir verdoppeln Ihr Geld mit Königreich. Wir freuen gewonnen haben nette Blumenvase wie Sie sind. Wir dankbar Sie übermitteln Daten mit Adresse auf Schranktür. Mit beste Gruß und viele Kuss*

5. Ohne Worte

Melden Sie sich selbst bei einem sozialen Netzwerk an und schicken Sie Ihrer Tochter eine Freundschaftsanfrage.

Mein Geheimtipp: Spaghetti Bolognese

Tatsächlich freut sich die gesamte Familie, wenn es Spaghetti Bolognese nach meinem Spezialrezept gibt. Entsprechend angerichtet sieht es so köstlich aus, dass man es glatt fotografieren und auf den sozialen Netzwerken teilen könnte.

Spaghetti Bolognese
2 kleine Zwiebeln
400 g Hackfleisch
1 Möhre
150 g Lauch
40 g Sellerie
½ EL Öl
1/8 Liter Rotwein
2 Dosen Tomaten, geschält
1 Knoblauchzehe, 1 Lorbeerblatt
Salz, Pfeffer

Zunächst die Zwiebeln schälen und in feine Würfel schneiden. Das gewaschene Gemüse ebenfalls würfeln, den Lauch in dünne Scheibchen schneiden. Das Öl erhitzen, die Zwiebeln andünsten und das Gemüse hinzugeben. Das Fleisch unterrühren und mitdünsten. Die Tomaten zerkleinern und durch ein Sieb streichen, der Fleisch-Gemüse-Mischung hinzugeben. Gewürze unterrühren und ca. 30 Minuten köcheln lassen. Zum Schluss mit Rotwein abschmecken und dem Lorbeerblatt dekorieren. Spaghetti in Salzwasser bissfest kochen. Mein Tipp: Mit braunem Zucker und etwas Zimt verfeinern.

7

Ein sportlicher Vokabeltest oder: »Ich habe den totalen Durchblick«

Direkt am nächsten Tag lauert mir die Große auf, als ich bei einbrechender Dunkelheit das Haus betrete. Wir haben uns heute noch nicht gesehen, weil sie den ganzen Nachmittag über unterwegs war. Nun komme ich gerade von einem ausgedehnten Spaziergang mit dem Hund zurück und hatte mich auf einen ruhigen Abend mit meinem Liebsten gefreut. Wir wollten uns zusammen auf die Couch werfen und ein paar Folgen unserer aktuellen Lieblingsserie anschauen. Er hat sich netterweise dazu bereit erklärt, die beiden Jüngeren ins Bett zu bringen, sodass wir eigentlich direkt loslegen könnten.

Unauffällig schiele ich auf mein Handgelenk. 21 Uhr. Es kann nichts Gutes bedeuten, dass man die Große um diese Uhrzeit hier unten antrifft. Normalerweise verbarrikadiert sie sich abends in ihrem Zimmer, dreht die Musik laut auf und ist unfassbar genervt, wenn man es wagt, sie anzusprechen.

Andererseits freue ich mich, dass wir heute doch noch aufeinandertreffen. Man muss nicht immer vom Schlimmsten ausgehen.

»Hallo, Liebes«, begrüße ich sie. »Wartest du auf mich?«

»Die Vokabeln«, sagt sie dumpf.

»Die Vokabeln für den Englischtest?«, vergewissere ich mich, obwohl ich die Antwort kenne. Natürlich werden es die Vokabeln sein, die uns den Abend verderben.

Die Große mustert mich schweigend und zieht leicht eine

Augenbraue hoch. Dafür, dass sie anscheinend etwas von mir will, könnte sie etwas zugänglicher sein.

»Die Vokabeln für den Test, die zu lernen gestern noch in weiter Ferne lag, weil ja – ich zitiere – *ewig Zeit* war?«, frage ich unschuldig.

Meine Tochter feuert einen ungnädigen Blick auf mich ab, lässt sich jedoch nicht provozieren. »Genau die«, antwortet sie stoisch, und ich bewundere heimlich ihre Gemütsruhe. Diese Eigenschaft könnte ich ebenfalls gebrauchen, insbesondere wenn jemand vor mir an der Ampel trödelt, sodass sie direkt vor meiner Nase rot wird, oder wenn eine Szene zum zehnten Mal wiederholt werden muss, weil ich einen Zentimeter zu weit rechts stand.

»Du hattest gesagt, du würdest mit mir lernen«, reißt sie mich aus meinen Grübeleien.

»Ich sagte, ich würde dich abhören«, korrigiere ich. »Das nutzt nur etwas, wenn du vorher geübt hast. Das ist dir klar, oder?«

Die Große sieht mit undurchdringlicher Miene an mir vorbei. Beeindruckendes Pokerface. Ich fürchte allerdings, dass es ihr beim Test nicht viel nützen wird.

»*Hast* du geübt?«, hake ich nach, nachdem mir klar wird, dass sie sich dazu entschlossen hat, meine erste Entgegnung zu überhören.

»Können wir anfangen?«, fragt sie statt einer Antwort. »Wenn ich morgen total übernächtigt bin, nutzt die beste Vorbereitung nichts.«

Beste Vorbereitung. Sicher. Momentan bezweifle ich, dass bisher überhaupt eine Vorbereitung stattgefunden hat.

Seufzend hänge ich die Hundeleine an den Garderobenhaken und strecke kurz den Kopf durch die Wohnzimmertür.

»Ich helfe der Großen noch bei den Vokabeln. Sie schreibt morgen einen Test«, informiere ich den Mann, der es sich bereits auf der Couch gemütlich gemacht hat.

»Wow, ihr fangt ja früh an«, stichelt er mit einem amüsierten Grinsen. »Viel Spaß.«

Ich werfe ihm einen strafenden Blick zu und runzle die Stirn. *Viel Spaß.* Er hat gut reden. Aus der Position des Beobachters heraus erscheint der unverhoffte Wechsel des Abendprogramms deutlich lustiger. Aber ich gönne dem Mann die Auszeit, immerhin lagen die beiden Kleineren schon im Bett, als ich kam. Aus eigener Erfahrung weiß ich, dass dies kein Kinderspiel ist, und habe es genossen, nur noch für eine Kuscheleinheit und einen Gute-Nacht-Kuss zuständig zu sein.

Ergeben folge ich dem gut gelaunten Sonnenschein an den großen Küchentisch. Aus ihrem Rucksack zieht sie ein Vokabelheft hervor, das zwar diverse Knicke und Eselsohren hat, dafür aber von schwungvollen Ornamenten und motivierenden Sprüchen wie »Carpe diem!« oder »Stars can't shine without darkness« geziert wird.

Ich unterdrücke ein Ächzen. Ich lag richtig mit meinem Verdacht. Sie hat tatsächlich noch nicht angefangen. Ob die Lehrer ahnen, wie sie uns Eltern mit ihren blöden Tests zusetzen? Und ich hatte mir nach der Schule tatsächlich eingebildet, die Zeit des hektischen Lernens sei vorbei. Von wegen.

Energisch schiebt die Große das Heft über den Tisch. Ihr Gesichtsausdruck wirkt, als sei ich diejenige, deren fehlende Motivation den Fortschritt gefährdet.

»Zuerst Englisch auf Deutsch?«, erkundige ich mich.

Die Große macht ein abfälliges Geräusch. »Wenn du meinst. Andersherum ist es deutlich schwieriger. Die Rathmann fragt garantiert in der anderen Richtung ab. Sportarten. Total überflüssig.«

Wenige Minuten später ziehen wir eine erste Bilanz. Aktuell hat die Große eine Trefferquote von etwa zwei Prozent. Worte wie *hockey* und *baseball* haben die Rate deutlich nach oben gepusht.

»Willst du sie dir vielleicht noch mal durchlesen, bevor ich dich abhöre?«, frage ich vorsichtig.

»Nein«, entgegnet die Große schroff.

Erneut vertiefe ich mich ins Vokabelheft auf der Suche nach einem Wort, das ein Erfolgserlebnis verspricht. Vergeblich.

»Das liegt an deiner Aussprache«, behauptet die Große nach drei weiteren Fehlschlägen. »Mama, du musst dich mal konzentrieren. Ich erkenne die Vokabeln gar nicht. Wenn unsere Lehrerin die sagt, klingt es ganz anders.«

»Kann schon sein«, stimme ich zu, obwohl ich bezweifle, dass es bei Worten wie *fencing* derart große Abweichungen in der Aussprache gibt. Unauffällig schiele ich auf die Uhr. Es ist einfach zu spät, um sich jetzt in eine Diskussion zu stürzen.

Endlich klappt sie das Buch zu.

»Echt. Das bringt gar nichts. Warum müssen wir Worte wie *archery* lernen? Das braucht doch kein Mensch! Ich kann mir nicht vorstellen, dass sich irgendwann mal eine Situation ergibt, in der mein Leben davon abhängt, dass ich fehlerfrei fünfundzwanzig Sportarten auf Englisch aufzählen kann.«

Obwohl ich ihr innerlich zustimme und zugeben muss, dass ich das englische Wort für *Bogenschießen* bisher auch nicht kannte, sollte ich Partei für den Lehrer ergreifen. So wenig wie möglich hinterfragen und niemals den Anordnungen widersprechen, das geht nur nach hinten los. Dies wurde mir schmerzlich bewusst, als ich mich vor zwei Jahren leichtsinnigerweise über den Umfang der Hausaufgaben am Faschingswochenende ausgelassen hatte. Wir waren unterwegs in einen Familienkurzurlaub und völlig gestresst davon, dass die Große darauf bestand, ihre Hausaufgaben im Hotel zu machen, wodurch sie den gesamten Zeitplan in Unordnung brachte. Binomische Formeln statt Après-Ski. *Möglicherweise* formulierte ich meinen Ärger, als ich am Aschermittwoch die Mutter einer Klassenkameradin beim Einkaufen traf. Einen Tag später rief prompt die Lehrerin der Großen an und bat mich um Kooperation (»Es ist schön, dass Sie etwas als Familie unternehmen. Aber Schule und Eltern müssen zusammenarbeiten. Wir sind nur erfolgreich, wenn wir gemeinsam an einem Strang ziehen!«). Nein, besser den Lehrern nicht widersprechen.

Die Große mustert mich irritiert und wartet offensichtlich noch immer auf eine Antwort.

»Immerhin war der Test angekündigt«, sage ich schwach. »Den hätte sie auch ohne Vorwarnung schreiben können. Und bei deinen Vokabelkenntnissen wäre das katastrophal ausgefallen.«

»Pah«, schnaubt die Große verärgert. »Der wurde nur angekündigt, damit sie mehr Vokabeln dazunehmen kann.«

»Vokabeln, denen wir uns jetzt widmen sollten«, ergänze ich und bin innerlich stolz auf meine elegante Überleitung.

Diese weiß meine Tochter jedoch nicht zu schätzen.

»Toll, Mama«, sagt sie. »Auf welcher Seite stehst du eigentlich?«

»Immer auf deiner!«, erwidere ich so entschlossen, dass sie sich ein Grinsen nicht verkneifen kann.

»Weiß ich doch … eigentlich«, lenkt sie dann ein und runzelt die Stirn. »Vielleicht sollte ich doch zuerst eine Runde alleine lernen«, fügt sie zögerlich hinzu, was ich mit einem enthusiastischen Nicken beantworte.

»Du kannst währenddessen meine Low Carb Pancakes testen«, macht sie mir ein Friedensangebot.

Das Buch unter den Arm geklemmt, verschwindet meine Älteste aus der Küche. Ich nutze die Gelegenheit, um mich in bequeme Klamotten zu werfen und den Lieblingsmann abzufangen, der mir auf der Treppe entgegenkommt.

Kurze Zeit später sitzen wir in trauter Zweisamkeit auf der Couch, die Kuscheldecke über uns gebreitet. Auf dem Tisch stehen zwei Gläser Rotwein, und in der Küche habe ich tatsächlich noch einige wirklich leckere Pancakes gefunden. Der Mann legt einen Arm um mich, und ich lehne dankbar den Kopf an seine Schulter.

»Wie hat es funktioniert mit den beiden anderen?«, will ich nach einigen Minuten wohltuender Stille wissen.

»Die Mittlere hat einen neuen Lieblingssong«, erzählt der Mann, woraufhin ich belustigt auflache. »Sie ist den ganzen Abend mit ihrer Bluetooth-Box durchs Haus gelaufen und hat sie nicht einmal zum Zähneputzen aus der Hand gelegt«, bestätigt er meinen Verdacht. »Mittlerweile kann sie den Refrain und die erste Strophe auswendig. Wahrscheinlich sind morgen Strophen zwei und drei dran.«

»Das klingt, als hättet ihr euren Spaß gehabt«, stelle ich mit einem Lächeln fest.

Der Mann nickt. »Der Kleine war sehr kooperativ«, berichtet er. »Er hat heute Nachmittag sogar freiwillig eine längere Runde mit dem Hund gedreht. Vermutlich war er dankbar, der Dauerbeschallung zu entkommen.«

Ich schnaube amüsiert und schiebe mir eine Olive in den Mund. Der Hund hatte heute viel Auslauf.

»Bist du mit ihm Sachkunde durchgegangen?«, erkundige ich mich dann.

»Sachkunde?«, wiederholt der Mann.

»Er hat heute Mittag erzählt, dass die Lehrerin morgen einen Test zum Thema Minuten, Tage, Wochen und Monate schreiben will.«

»Ach so«, erwidert der Mann. »Das gehört zu Sachkunde. Hätte ich mir eigentlich denken können.« Er nickt. »Ja, das habe ich mit ihm wiederholt. Er hat mir erzählt, woher die Monatsnamen stammen. Juli wurde nach Julius Caesar benannt.«

»Sag bloß, das wusstest du noch nicht?«, stichle ich.

»Das wusste ich schon«, verteidigt sich der Mann. »Aber wusstest *du*, dass der Legende nach Augustus beleidigt war, weil

Caesars Monat einen Tag mehr hatte, sodass er sich letztendlich dazu entschloss, den August um einen Tag zu verlängern?«

»Beeindruckend«, necke ich ihn. »Aber das klingt deutlich spannender, als irgendwelche Sportarten ins Englische zu übersetzen, bei denen ich sogar auf Deutsch nicht weiß, worum es sich handelt«, füge ich deprimiert hinzu.

Der Mann grinst mich verschmitzt an. »Beim nächsten Mal darfst du wieder unsere Grundschüler abhören und ich übernehme die Gymnasiastin«, verspricht er. »Aber nicht heute.«

»Allmählich müsste besagte Gymnasiastin wieder auftauchen«, stelle ich nach einem Blick auf die Uhr fest.

Der Mann hebt die Schultern. »Vielleicht hat sie sich entschlossen, alleine zu lernen und uns einen entspannten Abend zu gönnen. Immerhin hast du deine Bereitschaft signalisiert.« Er fährt mit den Fingerspitzen über meinen Hals. »Ich hätte eine Idee, wie wir die freie Zeit nutzen könnten.«

»Wenn es das ist, was ich im Sinn habe, handelt es sich um eine ziemlich gute Idee«, bestätige ich. Bei einem Hund, zwei Jobs und drei Kindern ist es wichtig, dass die eigenen Bedürfnisse nicht auf der Strecke bleiben. Obwohl wir als Paar toll funktionieren, hatten wir seit einer gefühlten Ewigkeit keine Zeit mehr für uns.

Ich stelle mein Glas auf den Tisch und wende mich dem Mann zu.

»Lass uns nach oben gehen«, sage ich, ergreife seine Hand und stehe auf. Gleichzeitig öffnet sich die Wohnzimmertür und die Große erscheint.

»Da bin ich wieder«, verkündet sie. »Ich habe den totalen Durchblick. Wir können eine neue Runde starten.«

Erste Hilfe

Fünf Strategien, auf die Sie zurückgreifen können, wenn Sie Ihr Kind unbedingt loswerden müssen.

1. Die Abfertigungstaktik
Fies, aber wirkungsvoll.

Suchen Sie gezielt einige der schwierigsten Vokabeln aus und fragen Sie sie in schnellem Tempo und möglichst zusammenhanglos ab.

Sollte Ihr Kind bei einem Wort falsch liegen oder auch nur zögern, schicken Sie es sofort zurück auf sein Zimmer mit den Worten: »Das machst du jetzt noch mal gescheit! Komm erst wieder, wenn du die Vokabeln *richtig* kannst, klar?«

2. Die »Wir wollten gerade«-Taktik
Mit dieser Herangehensweise sorgen Sie dafür, dass Ihr Kind in Höchstgeschwindigkeit das Weite sucht. Allerdings schadet es Ihrer Glaubwürdigkeit, wenn Sie dabei tiefenentspannt vor dem Fernseher liegen.

Sie: »Super, dass du auftauchst. Wir wollten gerade das Geschirr in die Maschine einräumen und sind froh über jede helfende Hand.«

Sie: »Praktisch, dass du hier bist. Wir wollten gerade gemeinsam das Wohnzimmer aufräumen, das geht zu dritt deutlich schneller.

Sie: »Schön, dass du kommst. Wir wollten gerade die Wäsche zusammenlegen. Das meiste ist ohnehin von dir.«

3. Die »Einfach mal die Seele baumeln lassen«-Taktik

Achtung, dieser Ansatz ist nicht korrekt und hat das Potenzial, für richtigen Ärger zu sorgen. Umso cooler erscheinen Sie, wenn Sie ihn dennoch vorschlagen.

Sie: »Sag mal, wie wichtig ist denn dieser Test?«

Tochter: »Ähm. Schon wichtig. Wieso?«

Sie: »Auf welcher Note stehst du denn in Englisch?«

Tochter: »Auf einer Zwei.«

Sie: »Glatt?«

Tochter: »Ja, ich hatte eine Zwei in der Arbeit, im letzten Test und auch als mündliche Note.«

Sie: »Könntest du noch eine Eins im Zeugnis schaffen?«

Tochter: »Unmöglich. So viel zählt der Test nicht.«

Sie: »Wie wäre es dann, wenn wir morgen gemütlich frühstücken gehen und einfach mal die Seele baumeln lassen?«

4. Die »Motivation ist alles«-Taktik

Vorsicht. Diese Strategie dürfen Sie nur anwenden, wenn eine Eins in weiter Ferne liegt. Oder Sie müssen mit den Konsequenzen leben.

Sie: »Wenn du in dem Vokabeltest ohne fremde Hilfe eine Eins schaffst, bezahlen wir dir ein Wochenende auf Mallorca.«

Sie: »Wenn du in dem Vokabeltest ohne fremde Hilfe eine Eins schaffst, kaufen wir dir eine Louis-Vuitton-Handtasche.«

Sie: »Wenn du in dem Vokabeltest ohne fremde Hilfe eine Eins schaffst, darfst du dich tätowieren lassen.«

5. Die Verwirrungs-Taktik

Dieser Ansatz zielt darauf ab, dass Sie Ihr Kind mit Ihrem scheinbaren Unverständnis so sehr nerven, dass es irgendwann unverrichteter Dinge wieder abzieht.

Ein chaotischer und doch liebenswerter Haufen: meine Familie.

Endlich Zeit zu zweit. Mein Mann und ich auf Ibiza.

Ein romantischer Moment vor der Es Vedrà.

Seit zwanzig Jahren meine besten Freundinnen, die mich immer unterstützen.

Kinderfreier Wochenendausflug nach Paris.

Mein bester Freund Guido, der auch Patenonkel meiner Kinder ist.

Schwanger mit unserem Jüngsten.

Unsere Mittlere auf dem Weg zu uns.

Mit der Großen im Urlaub.

Das Herzstück der Familie, unser Hund Krümel.

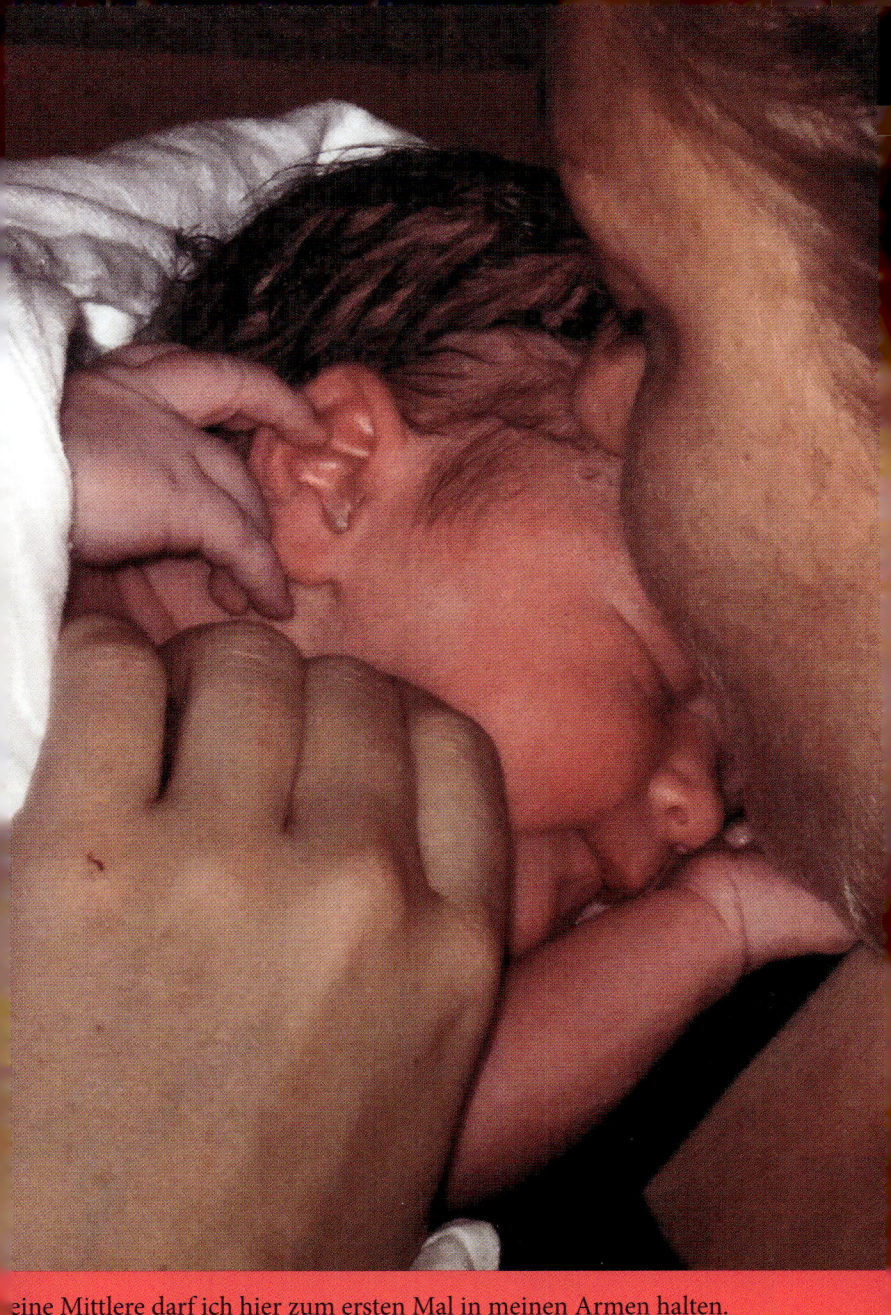

eine Mittlere darf ich hier zum ersten Mal in meinen Armen halten.

In der Türkei mit der Großen.
Was hat sie hier wohl entdeckt?

In der Pause mit meiner Großen bei den Dreharbeiten für die Serie »Heldt«.

Unsere Familienzeit auf Ibiza ist für uns die schönste Zeit im Jahr.

Tochter: »Können wir die Vokabeln durchgehen?«

Sie: »Der Graph einer Exponentialfunktion f mit f(x) = a verläuft durch den Punkt P.«

Tochter: »Äh. Mama? Alles klar?«

Sie: »Faber est suae quisque fortunae.«

Tochter: »Mensch, Mama!«

(Dieser Ausruf zeigt Ihnen, dass Ihr Plan aufgeht. Sie befinden sich kurz vor dem Ziel.)

Sie: »Der hintere Hypothalamus ist ein Bestandteil des limbischen Systems.«

Tochter: »Ach, vergiss es! Ich kann's auch alleine wiederholen!«

Mein Geheimtipp: Low Carb Pancakes

Wenn sie nicht gerade am Lernen ist, erfreut uns die Große mit kreativen Rezepten, die gut für die schlanke Linie und gleichzeitig lecker sind.

Zutaten (für eine Person)
2 Eier
Zimt nach Belieben
30 g Proteinpulver (z. b. Erdnussbutter-Banane)
50 ml Wasser
Stevia (flüssig)
1 TL Kokosöl
Erdnussbutter nach Belieben

Zubereitung
Eier in einer Schüssel aufschlagen. Nach Belieben etwas Zimt beifügen.
Proteinpulver und Wasser mit einem Schuss Stevia hinzugeben und rühren, bis ein glatter Teig entstanden ist.
In einer Pfanne das Kokosöl erhitzen.
Mit einem Schöpflöffel den Teig portionieren. Das Pancake wenden, wenn der Rand fest wird. Nach Wunsch mit möglichst naturbelassener Erdnussbutter bestreichen.

8

Kuchenverkauf in der Schule oder: »Lehrer müsste man sein«

Es ist eines der Highlights in der Karriere jedes Elternteils mit einem Kind im Grundschulalter. Ersehnt und gefürchtet gleichermaßen – das alljährliche Schulfest.

Bereits seit Wochen läuft die Whats App-Gruppe heiß. Welche Kuchen werden gebacken? Wie wird gewährleistet, dass es keine Mehrfachbesetzungen oder Lücken gibt? Nicht auszudenken, wenn wir mehrere Zitronen-, aber dafür keine Schokoladenkuchen hätten. Wobei diese Basisversionen ohnehin nicht gerne gesehen sind. Exotische Köstlichkeiten stehen höher im Kurs; je mehr Aufwand, desto besser.

Sollen die kleinen Schildchen, die über die einzelnen Zutaten informieren, neben die Kuchen gestellt oder auf die Platten geklebt werden? Oder sollten sie, um kein unnötiges Risiko einzugehen, als Fähnchen direkt in die Backwerke gesteckt werden? Das hätte allerdings den Nachteil, dass die makellose Optik durch Löcher beeinträchtigt würde.

Zudem müssen einige grundsätzliche Fragen geklärt werden. Unter welchem Farbmotto soll der Verkauf stehen? (Rot.) Muffins oder Kuchen? (Beides.) Welche Getränke sollen zusätzlich zum ungesüßten Tee für die Kinder angeboten werden? Fruchtsaftschorle trotz des hohen Zuckergehalts? Oder etwa sogar Limonade? Und noch viel wichtiger: Was trinken die Eltern und die anderen Gäste, die zum Besuch des Festes genötigt werden? Ebenfalls Tee? Oder beißen wir in den sauren Apfel und vernachlässigen unsere Vorbildfunktion, indem Kaffee ausgeschenkt wird? Alkohol steht in einigen Schulen ja leider nicht mehr zur Debatte.

Bepackt mit mehreren Tüten, die unter anderem Servietten in unterschiedlichen Rottönen, diverse Blumenvasen und Kerzen – natürlich ebenfalls rot – beinhalten, schwanke ich etwa eine Stunde vor Schichtbeginn in den großen Klassensaal, wo emsige Helfer bereits damit beschäftigt sind, eine Theke aufzubauen.

»Passt die Streudeko zu den Tellern?«, keucht die Klassenelternsprecherin unter der Last eines Tisches. »Jedes Detail muss sitzen. Nur in diesem Jahr sind wir für den Kuchenverkauf zuständig. Wir haben bloß diese eine Chance, um einen tadellosen Eindruck zu hinterlassen! Und wir werden dafür sorgen, dass unsere Präsentation unvergesslich bleibt.«

Genau das ist auch mein größter Traum. Ich wollte meinen Kuchen schon immer mal *präsentieren* und nicht nur verkaufen. Allerdings muss ich zugeben, dass ich von dem Engagement der anderen Eltern ehrlich beeindruckt bin. Sie haben unermüdlich geplant, ein umfassendes Konzept entwickelt und unfassbar viel Zeit investiert.

Mit einem freundlichen Lächeln stelle ich die Tüten in der Ecke ab und ergreife eine Ecke des Tisches, bevor die Klassenelternsprecherin zusammenbricht und damit den tadellosen Eindruck ruiniert.

Während wir die Stühle zur Seite räumen, treffen die beiden anderen Mütter der Schicht ein und werden von der Klassenelternsprecherin mit einem tadelnden Blick auf die Uhr begrüßt. Verständlich, immerhin kommen sie nicht wie die anderen eine Stunde, sondern nur zwanzig Minuten zu früh. Gemeinsam setzen wir die verschiedenen Kuchen und den Kaffee (Ja! Tatsächlich konnte ich diesen durchsetzen. Ich wüsste auch nicht, wie ich ohne Kaffee meine Schicht überstehen sollte. Sekt wäre noch besser, aber man kann nicht alles haben) in Szene. Alles läuft reibungslos, bis jemand die gefürchtete Frage stellt.

»Wo ist eigentlich Frau Kuhn?«

Ich unterdrücke ein Stöhnen und hoffe das Beste. Unsere Klassenlehrerin ist eigentlich sehr beliebt und ihre Arbeit wird von den Eltern durchaus anerkannt, aber eine solche Frage führt zwangsweise zu einer Diskussion über die Arbeitszeiten von Lehrern. Seufz.

»Die kommt erst um 16 Uhr«, informiert eine Mutter spitz. »Pünktlich zur Eröffnung, damit sie vom Rektor gesehen wird.«

»Und dafür bekommt die gesamte Schule einen Ausgleichstag«, fügt eine Mutter hinzu, die sich auf dem letzten Elternabend über mangelnde Teilnahme am Schülerlotsendienst beklagt hat. Keine Ahnung, zu welchem Kind sie gehört.

»Ach kommt«, besänftigt der einzige Vater in der Runde. »Frau Kuhn ist wirklich engagiert. Ihr kann man nichts vorwerfen.«

»Es geht eher um die Lehrer im Allgemeinen. Wer gibt uns einen Ausgleichstag? Für die ganzen Stunden, die Organisation und Aufbau in Anspruch genommen haben? Seit Tagen habe ich keine freie Minute mehr. Wir alle haben wie verrückt gebacken und Schilder beschriftet. Von der Schicht, die noch vor uns liegt, will ich gar nicht anfangen«, verkündet die Elternsprecherin theatralisch. »Aber wir Eltern bekommen keinen Ausgleich. Stattdessen müssen wir uns zusätzlich darum kümmern, dass die Kinder betreut werden, wenn die Lehrer schulfrei haben.«

»Lehrer müsste man sein«, seufzt eine Mutter, die ein Dutzend vegane Muffins in einem perfekten Halbkreis um eine geschnitzte Ananas, die verdächtig nach einem Pinguin aussieht, anordnet. »Vormittags haben sie recht und nachmittags frei.«

Fast unmerklich verdrehe ich die Augen und widme mich den Servietten. Nur zu gut erinnere ich mich daran, wie ich mich nach dem dreistündigen Kindergeburtstag des Jüngsten gefühlt habe. Völlig abgekämpft. Das erlebt ein Lehrer tagein, tagaus. Nicht unbedingt die Berufsgruppe, mit der ich tauschen wollte, selbst wenn sie *vormittags recht und nachmittags frei haben.*

»Bei manchen Lehrern ist es einfach offensichtlich, dass sie keine eigenen Kinder haben«, behauptet die Schülerlotsen-Mutter.

»Genau«, bekräftigt die mit den veganen Muffins. »Und dann bevorzugen sie die braven Mädchen, die völlig problemlos in der Spur laufen, weil sie gar nicht kapieren, wie schwer Erziehung eigentlich ist!«

Ah. Offensichtlich hat die Muffin-Mum einen Sohn.

»Absolut«, bestätigt eine der beiden Zuspätkommerinnen und nickt heftig. »Mein armer Felix musste schon mehrmals etwas abschreiben. Gestern hat er eine Strafarbeit bekommen, obwohl er bloß leise zu Henrik gelaufen ist, um ihm ein Taschentuch zu bringen.« Sie stößt empört die Luft durch die Nase aus, während die anderen Mütter zustimmend schnauben. »Traurig, dass soziales Verhalten nicht gewürdigt wird.«

Ich verkneife mir ein Grinsen und hülle mich in Schweigen. Nur zu gut erinnere ich mich an den Bericht meines Jüngsten. Ihm zufolge ist der arme Felix als Krankenwagen mit lautem Sirengeheul von seinem Platz durchs Klassenzimmer marschiert, um Henriks Nase vor dem Auslaufen zu bewahren, und hat dabei den kompletten Unterricht lahmgelegt.

Die Elternsprecherin nickt. »Disziplin und Regeln in Ehren, aber diese Strafe erscheint mir unverhältnismäßig. Ich meine, das sind Kinder! Man kann nicht erwarten, dass sie stundenlang bewegungslos auf ihren Plätzen sitzen.«

»Und dann die Hausaufgaben!«, mischt sich eine weitere Mutter ein. »Ich verstehe nicht, weshalb man vor den Wochenenden diese Berge an Arbeit aufgeben muss. Jeder weiß doch, dass die Kinder Zeit brauchen, um sich zu erholen.«

Die anderen nicken vehement.

»Ich finde es ganz gut, dass die Schüler gefordert werden«, verteidige ich die Klassenlehrerin. »Immerhin kann man sichergehen, dass sie ordentlich auf die weiterführende Schule vorbereitet werden.«

»Die Lehrerin meiner Jüngsten ist andauernd krank«, fährt die andere Mutter fort, als hätte sie meinen Einwand nicht gehört. »Deshalb müssen die Kinder übers Wochenende wahnsinnig viel nachholen! Ich habe den Eindruck, in der Parallelklasse geht es viel strukturierter zu.«

»Das stimmt«, wirft die Schülerlotsen-Mutter von der Seite her ein, die offenbar auch ein Kind in eben erwähnter Klasse hat. »Ich verstehe sowieso nicht, weshalb sie Worte wie *Verb* oder *Adjektiv* einführt. Das überfordert die Kids. Kann man ihnen nicht eine unbeschwerte Kindheit gönnen? Es reicht, wenn sie in der fünften Klasse mit diesen Fachwörtern in Berührung kommen.«

»Das ist wie damals in der ersten Klasse mit dem Schreiben«, pflichtet ihr die Muffin-Mutter bei. »Parallel Schreib- und Druckschrift? Das halte ich nach wie vor für Unfug. Und das habe ich meiner Josephina auch deutlich gesagt. Sie muss nicht mitmachen, wenn die Lehrerin derartigen Blödsinn fordert. Oder nicht?«, wendet sie sich beifallheischend ausgerechnet mir zu.

»Ich halte es für wichtig, mit den Lehrern zusammenzuarbei…«, fange ich an, doch bevor ich meine Position darlegen kann, geht die Tür auf und Ramona, die Mama von Celine, betritt den Raum. Ihren Namen kenne ich, weil sie uns regelmäßig über die WhatsApp-Gruppe über ihr Privatleben informiert, egal, ob wir wollen oder nicht.

In der Hand hält sie eine Kuchenbox, die sie mit einem entschuldigenden Lächeln vor uns auf den Tisch stellt.

»Tut mir leid, ich hab's nicht früher geschafft«, sagt sie leichthin, was unmittelbar sämtliche Gespräche verstummen lässt. Unbeeindruckt vom allgemeinen Entsetzen nimmt sie den Deckel von der Form und hebt den Kuchen heraus.

»Der sieht ja toll aus«, lobt die Elternsprecherin bewundernd. Ramona nickt ihr huldvoll zu. »Ich muss wieder los«, eröffnet sie. »Die Trennung von Celines *Erzeuger* artet echt in eine Schlammschlacht aus. Jetzt will er tatsächlich mit seiner Neuen zusammenziehen. Er hat Celine ein eigenes Zimmer mit Hochbett versprochen. Ganz klar will er sie damit zu sich locken. Ist das zu glauben?« Mit einem resignierten Kopfschütteln verlässt sie den Saal.

Sobald die Tür hinter ihr zugefallen ist, geht ein Raunen durch die anwesenden Mütter.

»Unmöglich, diese Frau.«

»Klar, dass der Mann die Flucht ergreift.«

»Hast du ihre Schuhe gesehen? Ich würde mich in der Öffentlichkeit nie mit Crocs blicken lassen.«

»Die passen immerhin zu ihrer Jogginghose.«

»Das arme Kind.«

»Sie hat den Kuchen viel zu spät abgegeben.«

»Der ist gekauft. Garantiert«, zischt die Elternsprecherin und sorgt dafür, dass erschüttertes Schweigen einkehrt.

Angeekelt mustert sie den Kuchen. »Vermutlich hat sie das Schulfest vergessen. Nicht zum ersten Mal. Deshalb taucht sie auch erst jetzt mit diesem unsäglichen *Ding* auf.«

»Ja«, bekräftigt die Muffin-Mutter. »Beim Supermarkt in der Gartenstraße gibt's Kuchen in genau dieser Form. Wahrscheinlich hat sie ihn in Scheiben geschnitten und mit Puderzucker bestäubt, damit es niemand merkt. Als ob wir den Unterschied von Massenware zu selbst gebackenem Kuchen nicht erkennen würden. Und siehst du? Eine Zutatenliste hat sie ebenfalls nicht beigelegt!«

»Wundert es dich?«, mischt sich die Schülerlotsen-Mutter

ein. »Sie ist die Einzige, die in den vergangenen vier Jahren keinen einzigen Schülerlotsendienst übernommen hat. Und mein Kilian erzählt auch regelmäßig davon, dass die kleine Celine in der Pause nur ein paar Kekse und ein Trinkpäckchen dabeihat. Wenn ihr mich fragt, ist Ramona völlig überfordert. Die Arme. Kinder sind eben nicht für jeden etwas.«

Während ich den Lästereien lausche, muss ich mir ein erleichtertes Aufatmen verkneifen. In diesem Moment bin ich unfassbar froh, dass ich den heutigen Morgen damit verbracht habe, einen tadellose Naked Cake (in einer Regenbogen-Variante!) zu backen und die Zutaten liebevoll auf ein farblich zur abgesprochenen Deko passendes Fähnchen zu schreiben. Ich war sogar so verwegen, Butter und Eier zu verwenden! Nicht vegan, aber dafür unfassbar lecker. Trotzdem tut mir Ramona leid.

»Wir wissen nicht, wie es bei ihr zu Hause läuft«, lenke ich ein. »Wir sollten nicht vorschnell urteilen.«

»Du bist einfach zu gutmütig«, erwidert die Muffin-Mutter mit einem künstlichen Lachen. »Ich frage mich sowieso, wie du das alles schaffst. Beruf, Kinder, Mann – bleibt da nicht etwas auf der Strecke?«

Gerade will ich zu einer flammenden Rede zum Thema Teamwork und Familienzusammenhalt ansetzen, da wendet sich die Fragestellerin bereits ab.

»Für mich wäre das nichts«, stellt sie fest. »Ich möchte einfach so viel wie möglich von der Entwicklung meines Kindes mitbekommen. Ich könnte es mir niemals verzeihen, wenn ich einen wichtigen Meilenstein in Josephinas Leben verpassen würde. Der erste Nicht-Zeichentrick-Film im Fernsehen oder der erste Sprung auf dem Trampolin im Garten ihrer Freundin. Ich war bei allem dabei. Sie werden so schnell groß, und ich will jede Sekunde bewusst miterleben.«

»Das kann jeder halten, wie er möchte«, entgegne ich unverbindlich. Die Zeiten, in denen mir diese schlecht verborgenen Seitenhiebe zugesetzt haben, sind vorbei. Die Rabenmutter, die keine Zeit für ihre Kinder hat. Die es wagt, Vollzeit zu arbeiten, und damit den eigenen Spaß in den Vordergrund stellt, wodurch die Familie schändlich vernachlässigt wird. Das habe ich glücklicherweise hinter mir. »Es gibt kein Modell, das besser ist als die anderen. Einige sind glücklich damit, ihren Beruf zu haben. Andere gehen voll in der Rolle als Hausfrau und Mutter auf. Zufriedene Eltern, zufriedene Kinder.«

Die Muffin-Mutter mustert mich zweifelnd, doch ich sehe ihr an, dass ihr eine Entgegnung fehlt. Interessiert blickt sie auf mein Backwerk, auf dem ich gerade das Fähnchen mit der Aufschrift *Regenbogenkuchen* befestige.

»Der sieht wirklich gut aus«, lenkt sie ab. »Gibst du mir das Rezept?«

»Natürlich«, erwidere ich bereitwillig. »Ist gar nicht so schwer zu machen. Ich schicke es dir in der WhatsApp-Gruppe.«

Sie beugt sich zu mir und senkt verschwörerisch die Stimme.

»Besser nicht«, wispert sie. »Dann denken die anderen vielleicht, ich hätte keine eigenen Ideen und würde alles nachmachen. Du weißt ja, wie sie sind. Da wird jede Gelegenheit genutzt, um einen zu zerfleischen.«

Erste Hilfe

Fünf Strategien, auf die Sie zurückgreifen können, um beim Kuchenbasar nachhaltig zu beeindrucken.

1. Die »Deko ist alles«-Taktik

Bestellen Sie sich im Vorhinein bergeweise Lebensmittelfarbe, Glitzerpulver, Smarties, Gummibärchen und andere essbare Dekomaterialien.

Nehmen Sie nun einen einfachen Obstboden und belegen Sie ihn mit sämtlichen Einkäufen. Dabei können Sie ruhig mehrere Stockwerke aufeinanderstapeln. Füllen Sie etwaige Lücken wahlweise mit Nutella, Marshmallowcreme oder Erdnussbutter auf. Achten Sie darauf, dass direkt beim ersten Blick alle Köstlichkeiten zu sehen sind.

Hier gilt die Devise: Je mehr, desto besser.

Niemanden interessiert, wie Ihr Kuchen schmeckt, wenn er in Regenbogenfarben glitzert und von Marzipaneinhörnern eingerahmt wird.

2. Die »Menschliche Regungen ausnutzen«-Taktik

Hierbei handelt es sich um eine anerkannte Manipulationstaktik, die darauf basiert, Ihrem Gegenüber durch geschickte Gesprächsführung ein Zugeständnis abzuringen, in unserem Fall den Kauf eines Stück Kuchens.

Sie: »Eine komplette Schwarzwälder Kirschtorte. Unangeschnitten. Nur 25 Euro.«
Besucher: »Äh. Nein. Kein Bedarf.«

Sie: »Tatsächlich? Vielleicht die Hälfte? Abgerundet auf 10 Euro?«

Besucher: »Auch das nicht. Danke.«

Sie: »Na gut. Darf ich Ihnen dann wenigstens ein Stück Zitronenkuchen anbieten?«

Besucher *(erleichtert, der Schwarzwälder Kirschtorte entkommen zu sein)*: »Ach ja, gerne.«

Alternativ können Sie auch das Prinzip der Konsistenz für sich arbeiten lassen. Der Mensch strebt danach, zu seinen Aussagen zu stehen und authentisch zu sein. Das können Sie knallhart ausnutzen.

Besucher: »Welcher Kuchen ist das?«

Sie: »Zitrone-Biskuit. Möchten Sie ein Stück?«

Besucher: »Ja, gerne.«

Sie: »Fünf Euro bitte.«

Besucher *(bezahlt zähneknirschend, denn er hat seine Bereitschaft zum Kauf schon signalisiert und kann sich jetzt nicht mehr entziehen)*

3. Die »Durch Alliterationen zum Erfolg«-Taktik

Erfinden Sie kreative Namen für Ihre Köstlichkeiten und setzen Sie sie entsprechend in Szene. Eine Lightbox mit dem Schriftzug *Tolle Tiramisu Torte*? Ein Banner, auf dem in leuchtenden Lettern *Raffinierte Regenbogen-Rhabarber-Ratatouille* zu lesen ist? Kein Problem.

Sobald die Kundschaft durch die optischen Highlights angelockt wurde, präsentieren Sie weitere visuelle Leckerbissen mit aussagekräftigen Alliterationen wie *garantiert glutenfrei, völlig vegan, zero Zucker* oder *natürlich nussfrei*. Empfehlenswert ist das Belegen eines Handlettering-Kurses, um die Infokärtchen möglichst ansprechend zu gestalten.

4. Die »Unsere Ressourcen sind knapp«-Taktik

Für die Umsetzung brauchen Sie zwei Schauspielpartner, die mit Ihnen die passende Situation inszenieren. Verstecken Sie als vorbereitende Maßnahme sämtliche Kuchenstücke bis auf eines oder zwei unter dem Tisch in einem dafür vorgesehenen Behälter. Stellen Sie nun Ihren Verbündeten Nummer 1 hinter die Theke. Gemeinsam mit dem Verbündeten Nummer 2 gehen Sie hinaus in den Gang. Sagen Sie Folgendes in gehobener Lautstärke:

Sie: »Da drinnen an dem Stand ganz rechts, da gibt's genialen Zitronenkuchen.«

Verbündeter 2: »Danke für den Tipp, von dem hole ich mir nachher ein Stück.«

Sie: »Nachher? Das wird nicht funktionieren. Ich fürchte, es hat sich mittlerweile rumgesprochen, wie gut der ist. Als ich eben da war, gab's nur noch zwei Stücke.«

Verbündeter 2: »Oh nein! Wir müssen rennen!«

5. Die »Give away«-Taktik

Diese Strategie ist äußerst zeitintensiv, aber sehr gewinnbringend. Sie werden unter Garantie die Erste sein, die ihren kompletten Kuchen verkauft hat. Die Kinder werden bei Ihnen Schlange stehen.

Gehen Sie dafür folgendermaßen vor:

1. Backen Sie einen schlichten, nicht zu anspruchsvollen Kuchen. Es darf auch gerne eine Backmischung sein. Im Notfall können Sie sogar einen eingeschweißten Kuchen kaufen. Gehen Sie sorgfältig mit Ihren Ressourcen um, Sie werden sie noch brauchen.

2. Besorgen Sie kleine Papiertüten und Bastelmaterialien wie zum Beispiel Klebstoff, Goldfolie, Aufkleber. Achten Sie darauf, durch die Farbwahl sowohl Jungs als auch Mädchen anzusprechen.

3. Kaufen Sie nette kleine Präsente, um die Tüten zu füllen. Das können Spielzeugautos, Sammelfiguren, witzige Radiergummis oder auch speziellere Artikel wie Finger-Skateboards oder Fidget Spinner sein. Natürlich dürfen auch Süßigkeiten nicht zu kurz kommen.
4. Packen Sie zu jedem Kuchenstück eine kleine Überraschungstüte, die Sie liebevoll mit Pailletten und buntem Papier bekleben. Diese füllen Sie mit möglichst individuellen Präsenten.
5. Stellen Sie ein Schild auf: »Zu jedem Kuchenstück gibt es eine Überraschungstüte gratis.«

Lassen Sie sich nicht von den Reaktionen der anderen Eltern beirren. Sie sind einfach neidisch.

Mein Geheimtipp: Naked Rainbow Cake

Diesen Kuchen backe ich gerne für besondere Gelegenheiten (wie zum Beispiel Schulfeste). Er kommt bei Kindern wie auch bei Erwachsenen sehr gut an.

Biskuitteig
6 Eier
5 EL heißes Wasser
150 g Speisestärke
225 g Zucker
2 Päckchen Vanillezucker
5 gestr. TL Backpulver
Lebensmittelfarbe

Topping
1000 g Frischkäse
500 g weiße Schokolade
Kl. Springform

Zubereitung
Zunächst Eier und Wasser schaumig schlagen. Den Zucker und den Vanillezucker dazugeben und alles zu einer Masse verrühren.
Das Mehl, die Speisestärke und das Backpulver in einer extra Schüssel verrühren und der restlichen Masse hinzufügen und vermengen.
Den Teig in fünf gleich große Stücke teilen und mit unterschiedlicher Lebensmittelfarbe verrühren.

Den Teig nach und nach backen und dann abkühlen lassen.

Weiße Schokolade schmelzen und unter die vorher aufge-schlagene Frischkäsecreme rühren. Ca. 1–2 Stunden abkühlen lassen.

Nun den Kuchen in folgender Farbreihenfolge schichten: rot, orange, gelb, grün, blau, lila.

Wer mag, kann noch fruchtigen Gelee auf den Boden vertei-len, bevor dieser mit der Frischkäsecreme bestrichen wird. An-schließend noch einmal für mindestens eine Stunde im Kühl-schrank fest werden lassen.

Der Kuchen schmeckt locker-leicht und frisch und eignet sich dadurch besonders für die Sommermonate. Gerne dekoriere ich ihn auch mit frischen Früchten.

9

Shopping mit Teenager oder: »Du ziehst in Erwägung, diesen Teppich zu kaufen?«

Die Große und ich sitzen nebeneinander im Auto und lauschen dem leisen Brummen des Motors. Bis vor wenigen Minuten lief Musik aus dem Radio. Die ist jedoch der Aufrechterhaltung meiner Konzentration zum Opfer gefallen. Um ohne Kollateralschäden durch das unfassbar enge Parkhaus, das zum Einkaufszentrum gehört, zu manövrieren, brauche ich absolute Ruhe. Das hat auch meine älteste Tochter begriffen, nachdem sie mich zweimal angesprochen und zweimal ein gereiztes Zischen geerntet hat.

Nach der erfolgreichen Einparkaktion lehne ich mich erleichtert zurück und schalte gleichzeitig den Motor aus.

»Darf ich jetzt wieder etwas anmerken?«, fragt die Große skeptisch.

»Klar«, erwidere ich, während ich mich abschnalle und auf der Rückbank nach meiner Handtasche fische.

»Da vorne stand ein Schild mit dem Hinweis, dass der diesseitige Zugang zum Einkaufszentrum gesperrt ist.«

Argh. Und ich habe mich noch gewundert, weshalb es so viele freie Parkplätze in direkter Nähe zum Treppenhaus gibt.

»Warum hast du das nicht gleich gesagt?«, murre ich. »Dann hätten wir auf der anderen Seite parken können. Wie lange ist es bis zum anderen Eingang? Achthundert Meter mindestens.«

»Ich habe versucht, es dir zu sagen«, erinnert sie mich. »Sogar zweimal. Aber du hast mich angeknurrt. Ich hänge eben an meinem Leben.«

»Hast recht«, gebe ich kleinlaut zu. »Mein Fehler. Tut mir leid.«

Ich steige aus und schließe schwungvoll die Autotür hinter mir. »Lass es uns als kleines Work-out sehen. Für die Strecke, die wir bis zum Eingang zurücklegen müssen, können wir uns eine Kleinigkeit bei diesem süßen Donut-Laden genehmigen.«

»Mama«, schnaubt die Große. »Bleib mal realistisch. Die Kalorien, die wir durch das Stückchen Weg verbrauchen, reichen höchstens für eine Scheibe Knäckebrot.«

Ich zucke mit den Schultern und mache mich mit meiner realistischen Tochter auf zur Überquerung des Parkdecks.

Endlich im Treppenhaus angekommen, nehmen wir den Aufzug, um uns zwei Stockwerke hinunterbefördern zu lassen. Immerhin haben wir durch unseren unfreiwilligen Spaziergang bereits die Kalorien für ein Knäckebrot gespart. Die Treppe zu nutzen würde unsere Bilanz in heilloses Chaos stürzen.

Aus den Augenwinkeln mustere ich meine große Tochter. Mittlerweile fühlt es sich fast so an, als ginge ich mit einer Freundin shoppen. Gut, eine Freundin würde mich nicht alles bezahlen lassen und auch nicht darauf bestehen, dass ausschließlich die von ihr favorisierten Läden angesteuert werden, aber im Grunde ist ein Einkaufsbummel mit der Ältesten recht entspannt. Insbesondere wenn ich es mit einer Shoppingtour mit den Männern meiner Freundinnen vergleiche. Diese würdigen sämtliche Outfits mit einem anerkennenden Brummen, egal, ob es sich um ein Abendkleid oder um einen Morgenmantel handelt. Seit wir ihre Reaktionen auf die Probe gestellt und ihnen eine absolut unmögliche Strickjacke in Senfgelb vorgeführt haben, was ebenfalls mit einem wohlwollenden Nicken quittiert wurde, ist das Vertrauen in ihr Urteilsvermögen nachhaltig gestört.

Einerseits bewundere ich ihre Geduld; sie schaffen es, auch

nach vier Stunden noch mit neutralem Gesichtsausdruck auf den Besuchersesseln zu sitzen und Interesse zu heucheln.

Andererseits tun mir meine Freundinnen leid, die regelmäßig ein schlechtes Gewissen haben, wenn sie ihre Männer zu einem Einkaufsmarathon zwingen. Mein Exemplar ist dahingegen zum Glück total entspannt, und auch meine Große ist eine willige Shopping-Begleitung, insbesondere da sie eigentlich immer neue Kleidung braucht.

Sie ist im letzten Jahr nicht nur mehrere Zentimeter gewachsen, sondern hat sich auch in ihrem Wesen verändert, ist reifer und verantwortungsbewusster geworden. Mein kleines Mädchen wird erwachsen. Dabei versuche ich, sie bestmöglich zu unterstützen, aber sie ist in einem Alter, in dem sich alles, was ich sage, automatisch auf dem Prüfstand befindet. Eigentlich halte ich mich für eine ganz coole Mutter. Ich lasse mit mir verhandeln, was Outfits und Ausgehzeiten angeht. Ich bemühe mich, meine Bedenken auszublenden, um sie ihre Erfahrungen selbst machen zu lassen. Und ich habe Verständnis dafür, dass man manche Trends durchziehen muss, selbst wenn sie total bescheuert sind. Dennoch trage ich die Grundverantwortung und muss dafür sorgen, dass sie die Pubertät unbeschadet übersteht, denn ausnahmslos *alles* kann man in diesem Alter nun doch nicht alleine entscheiden.

Meine Große hatte schon immer einen ausgeprägten Willen, doch seit einigen Monaten scheint sie es außerdem zu genießen, aus Prinzip anderer Meinung zu sein. Ein Umstand, der mir erneut vor Augen gehalten wird, als es um die Wahl des ersten Geschäfts geht.

Zielsicher steuert die Tochter die sich über zwei Stockwerke erstreckende Filiale einer bekannten Kleiderkette an. Unwillkürlich überläuft mich eine Gänsehaut. Die Mode dort ist ziemlich speziell, aber vielleicht liegt diese Wahrnehmung an meinem fortgeschrittenen Alter.

Die Große schlängelt sich jedenfalls voller Begeisterung zwischen den Kleiderständern mit Oberteilen in Mauve und Koralle – wieso gibt es diese unsägliche Farbe überhaupt? – hindurch und hat schon nach kurzer Zeit einen bunt gemischten Stapel auf dem Arm.

»Willst du die nicht erst mal anprobieren, bevor du weiter sammelst?«, erkundige ich mich vorsichtig. Allmählich bin ich besorgt, dass meine Große unter der Last der schreienden Farben zusammenbrechen könnte.

»Ich habe ein System«, informiert sie mich. Ich nicke und folge ihr weiterhin schweigend, während ich versuche, das angebliche *System* zu ergründen.

»Willst du dich nicht ein wenig umschauen?«, schlägt sie unschuldig vor. »Neben den Gürteln an der Kasse habe ich eine Bluse gesehen, die dir total gut stehen würde.«

Ein schlechter Versuch, mich loszuwerden. Aber hatte ich mir vorhin nicht gerade Gedanken über nötigen Freiraum gemacht? Na gut.

Ziellos schlendere ich durch den Laden. Neben den Gürteln entdecke ich tatsächlich eine Bluse in einem schönen Bordeauxton. Allerdings sorgt die nähere Betrachtung des Stoffes dafür, dass es mich schon vom Hinschauen juckt. Außerdem gibt es das Schmuckstück nur in Kombination mit einem signalroten Poncho, der mich verdächtig an einen Badteppich erinnert, den uns eine Nachbarin zur Hochzeit geschenkt hat. Wahrscheinlich hat sie schon vor rund siebzehn Jahren damit gerechnet, dass es irgendwann mal hip sein könnte, mit einem Badvorleger um die Schultern herumzulaufen.

Schließlich finde ich einen Ständer mit Sonnenbrillen, an dem ich mir die Zeit vertreiben kann. Aus den Augenwinkeln beobachte ich unauffällig die Tochter, die nun endlich in einer Umkleidekabine verschwindet. Ohne zu zögern, lege ich mich auf die Lauer, um im richtigen Moment zuzuschlagen.

»Mama?«, höre ich ihre Stimme fast unmittelbar, nachdem ich Position bezogen habe. Anscheinend ist meine Meinung doch gefragt. Ha. Woher weiß sie überhaupt, dass ich mich in der Nähe aufhalte? Bin ich so durchschaubar? Für einen Moment erwäge ich, mich hinter einem pinken Paillettenkleid zu verstecken. Bevor ich meinen Plan in die Tat umsetzen kann, schiebt sie ihren Vorhang ein wenig zur Seite und entdeckt mich sofort. Mist.

»Kannst du mir mal helfen?«, bittet sie. »Ich kriege den Reißverschluss hinten nicht hoch.«

Ohne meine Antwort abzuwarten, wendet sie mir den Rücken zu. Obwohl ich zugeben muss, dass ihr das knielange flaschengrüne Kleid hervorragend steht, fühlt sich der Stoff unter meinen Fingerspitzen rau und irgendwie kratzig an. Außerdem geht ein undefinierbarer Geruch von dem Kleidungsstück aus. Verdächtig. Ich will gar nicht näher darüber nachdenken, ob das an der Person liegt, die es zuvor anprobiert hat, oder »nur« am Herstellungsverfahren.

Währenddessen dreht sich die Große vor dem Spiegel hin und her.

»Ganz gut«, befindet sie. »Was meinst du?«

»Sieht gut aus«, erwidere ich. »Aber das Material … Von Nachhaltigkeit haben die hier auch noch nichts gehört. Sicher, dass wir nicht in einen anderen Laden gehen sollten? Ein solches Kleid findest du wieder. Vielleicht sogar weniger elektrostatisch.«

»Können wir ja später noch«, tut sie meinen Vorschlag ab und ignoriert tapfer den Stromschlag, den ihr das Kleid beim Zurückhängen auf den Bügel verpasst.

Mit größter Mühe versuche ich auszublenden, dass auch die weitere Auswahl höchst fragwürdig ist. Nur nach der Optik beurteilen. Nicht nach Material oder gar Tauglichkeit fragen.

Als die Tochter jedoch in dem letzten Teil aus der Kabine tritt, kann ich mich nicht mehr zurückhalten. Sie trägt ausgerechnet den Badvorleger-Poncho, der mir vorhin einen Trip in die Vergangenheit beschert hat. Vielleicht kann ich ihr eine Freude machen, wenn ich ihr sage, dass sich der Fetzen noch im Keller befindet? Zwar als Unterlage für die Waschmaschine, aber darum geht es nicht.

»Nicht dein Ernst«, ächze ich. »Du ziehst in Erwägung, diesen Teppich zu kaufen?«

»Das ist total in«, verteidigt sie sich, doch ich sehe an ihrer unentschlossenen Miene, dass sie sich bereits vom Gedanken an den Albtraum in Rot verabschiedet. Gott sei Dank.

Gespannt sehe ich zu, wie sie wieder in der Umkleidekabine verschwindet und kurz darauf in ihren eigenen Sachen zurückkommt. Tatsächlich hängt sie die gesamte Auswahl bis auf das grüne Kleid zurück.

»Miese Qualität«, erklärt sie. »Aber Farbe und Schnitt sind so toll, dass ich darüber hinwegsehen kann.«

Nachdem wir uns darauf geeinigt haben, abwechselnd die Ladenauswahl festzulegen, läuft die weitere Einkaufstour wie von selbst. Ich genieße die gemeinsame Zeit mit meiner Tochter und ganz besonders den Abstecher in den Donut-Laden, zu dem ich sie wider Erwarten animieren konnte.

In bester Stimmung und bepackt mit Unmengen an neu erworbenen Schätzen, gehen wir schließlich zum Auto zurück.

Durch die gute Stimmung beflügelt, wage ich es, auf dem Weg zum Aufzug eine heikle Frage zu stellen.

»Sag mal«, beginne ich. »Weshalb gehst du mit mir und nicht mit deinen Freundinnen shoppen?«

»Ehrliche oder schmeichelhafte Antwort?«, fragt die Große zurück.

»Ehrlich«, entscheide ich spontan.

»Du bezahlst«, sagt sie und hebt die Schultern, woraufhin ich meine Entscheidung ebenso spontan wieder bereue. Ich hätte mein Glück nicht herausfordern sollen.

»Aber nicht alles!«, erinnere ich. »Nur Sachen, die ich gut finde. Zum Beispiel bin ich nicht bereit, für einen Teppich Geld auszugeben, der …«

»Schon klar«, unterbricht mich die Große. »Das hast du bereits deutlich gemacht. Mehrfach.«

»Ist das Bezahlen der einzige Grund?«, erkundige ich mich in der Hoffnung, zumindest etwas Zuspruch zu bekommen. Wie armselig.

»Nee«, entgegnet die Große, woraufhin mich erneute Hoffnung erfüllt. »Es ist viel praktischer, mit dem Auto zu fahren als mit dem Bus.«

Als sie meine enttäuschte Miene sieht, lacht sie und gibt mir einen leichten Stoß mit dem Ellbogen.

»Du weißt doch, dass ich deinen Style cool finde«, erklärt sie. »Macht Spaß mit dir. Die Mütter der anderen sind nicht halb so entspannt wie du. Ninas Mama weiß vermutlich nicht einmal, wie das Einkaufszentrum von innen aussieht. Die bestellt ihre ganzen Klamotten bei einem Internetversand für alte Frauen.«

Ich gebe mir Mühe, mir nichts anmerken zu lassen, obwohl ich innerlich vor Stolz mindestens um zwanzig Zentimeter gewachsen bin. Meine fünfzehnjährige Tochter findet meinen Style cool! Wenn das mal kein Kompliment ist. Ich würde schweben, wenn die Taschen nicht so schwer wären.

Während wir uns auf dem Hinweg noch freiwillig für den Aufzug entschieden haben, sind wir nun darauf angewiesen. So vollgepackt mit Tüten und Taschen, dass ich kaum nach vorne schauen kann, schwanken wir in die kleine Kabine. Nach mehreren Anläufen und Zwischenstopps auf verschiedenen Parkdecks schaffen wir es, den richtigen Knopf zu drücken, und kommen endlich auf der gewünschten Etage an.

Eine kurze Komplikation entsteht, als wir beide zeitgleich beschließen, uns aus dem Lift zu quetschen, was dazu führt, dass wir inmitten der Öffnung stecken bleiben. Wenigstens stehen wir in der Lichtschranke, sodass der Aufzug nicht wagt, die Türen wieder zu schließen.

Nachdem wir uns endlich befreit haben, stehen wir inmitten wild verstreuter Einkäufe vor der inzwischen geschlossenen Aufzugtür.

»Na los«, motiviere ich uns, während ich unser Hab und Gut zusammenklaube. »Das Stückchen zum Auto schaffen wir auch n…« Ich verstumme, als mir einfällt, wo wir unseren Wagen abgestellt haben. Auf der gegenüberliegenden Seite des Parkhauses.

Auf dem Gesicht der Großen erkenne ich die gleiche Resignation, die ich auch empfinde.

»Mama«, sagt sie schließlich. »Geh du das Auto holen. Ich warte hier mit unserem Einkaufsberg. Es ist okay für mich, wenn du ein weiteres Knäckebrot abtrainierst. Oder zumindest einen Bissen der Donuts, die wir vorhin gegessen haben.«

Ich nicke grinsend und mache mich umgehend auf den Weg. Große Töchter sind etwas Wunderbares.

Erste Hilfe

Fünf Aussagen, die Ihren Teenager garantiert dazu bringen, das favorisierte Kleidungsstück doch nicht zu kaufen.

1.
Tochter: »Das nehme ich!«
Sie: »Gute Entscheidung! Bei deiner Figur macht es nichts, dass es aufträgt.«

2.
Tochter: »Das nehme ich!«
Sie: »Ach, was für ein witziger Zufall! Vorgestern habe ich deine Biolehrerin in genau diesem Oberteil in der Stadt gesehen.«

3.
Tochter: »Das nehme ich!«
Sie: »Willst du's nicht mal eine oder zwei Nummern größer anprobieren?«

4.
Tochter: »Das nehme ich!«
Sie: »Absolute Zustimmung! Tante Inga hat das auch. Sieht super an ihr aus und kaschiert total gut die Brust.«

5.
Tochter: »Das nehme ich!«
Sie: »Ich kauf's auch! Dann können wir im Partnerlook gehen!«

Mein Geheimtipp: Kurkuma Latte

Nach einer langen Shopping-Tour ist die »goldene Milch« genau das Richtige zur Entspannung. Sie schmeckt nicht nur Mutter und Tochter, sondern ist zusätzlich auch noch gut für den Teint.

Zutaten (für 2 Personen)
500 ml Mandelmilch (ungesüßt)
1 TL roher Honig
1 TL Zimt
1 TL Kurkuma
3 Kardamom-Kapseln
1 Messerspitze Ingwer
1 Prise Pfeffer

Zubereitung
Mandelmilch langsam erhitzen (nicht kochen).
Gewürze und Honig unter Rühren dazugeben.
Getränk durch ein Sieb gießen, um Rückstände zu entfernen.
Mit einem Milchschäumer kurz aufschäumen.

Die Kurkuma-Latte schmeckt auch kalt und mit Eiswürfeln serviert total lecker.

10

Heute gehen wir feiern oder: »Du bist ja eine kleine Wildkatze!«

»Wartet nicht auf mich, es wird spät!«

Auf meinen mörderisch hohen High Heels stöckle ich zur Tür. Unfassbar langsam, dafür aber auch unfassbar gut aussehend. Der Mann verabschiedet mich mit einem liebevollen Kuss.

»Viel Spaß mit deinen Mädels«, wünscht er mir. »Mach dir einen schönen Abend, den hast du dir verdient. Ich habe hier alles im Griff.«

»Ist sie schon weg?«, kräht der Jüngste von hinten. »Können wir mit unserem geheimen Kinoabend mit Chips und Popcorn anfangen?«

»Ähm«, sagt der Mann und grinst entwaffnend.

Ich hänge mir die Handtasche über die Schulter und hebe die Hände. »Mir ganz egal, was ihr treibt. Hauptsache, das Haus steht noch, wenn ich wiederkomme. Habt einen schönen Abend, ihr Lieben!«

Aufatmend lasse ich die Tür hinter mir ins Schloss fallen. Ich liebe meine Familie über alles, aber ein freier Abend ist auch nicht zu verachten.

Ungefähr eine halbe Stunde später sitze ich im Kreis meiner Freundinnen in unserem Lieblingsladen. Es handelt sich dabei um eine Mischung aus Restaurant, Café und Bar, je nachdem, wonach einem der Sinn steht, und das dort servierte Essen ist einfach genial.

Interessiert studieren wir die Speisekarte.

»Lieber einen Salat mit Thunfisch oder einen mit Lachs?«, überlegt Sandra.

»Die Gemüsequiche klingt super«, sagt Marie. »Aber ich verzichte momentan abends auf Kohlenhydrate. Die muss also bis zum nächsten Mal warten.«

»Ich werde wohl den italienischen Salat nehmen«, stellt Carolin fest, woraufhin ich zustimmend nicke.

»Ich auch. Aber ohne Weißbrot.«

»Habt ihr die Sonderkarte gesehen?«, fragt Sandra. »Aktuell ist indische Woche. Unglaublich leckere Gerichte mit Couscous oder Reis.«

Marie seufzt bedauernd. Für einen Moment herrscht betretenes Schweigen.

»Was habt ihr heute Abend mit den Kindern gemacht?«, erkundigt sich Sandra.

»Babysitter«, erklärt Marie. »Wobei es heute wirklich schwierig war. Sebastian kränkelt ein bisschen. Eigentlich wollte ich ihn gar nicht allein lassen.«

»Hat er Fieber?«, frage ich mitfühlend.

»Nur etwas Schnupfen«, erwidert Marie. »Ansonsten wäre ich zu Hause geblieben.«

Wir anderen nicken verständnisvoll.

»Und wie sind deine Kids versorgt?«, wendet sich Sandra an mich.

»Der Mann passt auf. Sie machen einen geheimen Kinoabend mit Chips und Popcorn«, erzähle ich belustigt. »Wobei sie mittlerweile alt genug sind, um auch mal ein paar Stunden allein zu bleiben, solange es nicht mitten in der Nacht ist. Der Mann macht es also wirklich, weil er Lust darauf hat.«

Marie schnaubt neidisch. »Da kannst du echt froh sein. Auf die Idee käme meiner niemals! Bei dem muss ich auf Knien angekrochen kommen und betteln.«

»Immerhin hast du einen«, wirft Carolin von der Seite ein. »Ich wäre schon dankbar, wenn sich mein Ex wenigstens einmal im Monat um die Kinder kümmern würde. Gerade ist meine Mutter da und passt auf die beiden auf.«

»Dadurch sparst du zumindest das Geld für den Babysitter«, entgegnet Marie. »Die Kinder werden sowieso immer teurer.«

»Allerdings«, seufzt Sandra. »Kleider, technische Geräte, Schulmaterialien …«

»Das stimmt«, bekräftige ich. »Allein die Bücher, die für den Übergang ans Gymnasium notwendig sind. Das ist wirklich heftig. Dieses Jahr wird sowohl das Deutsch- als auch das Englischbuch gewechselt. Wir können also nicht einmal die alten Bücher der Großen weitergeben.«

»Kinder sind ein teures Vergnügen«, stimmt auch Carolin zu. »In der heutigen Zeit mehr denn je. Schon alleine dieser ganze Hightech-Kram, der notwendig ist, damit sie mit den Klassenkameraden mithalten können.«

»Mein Großer würde am liebsten nur am Handy hängen«, pflichtet Sandra mit einem resignierten Lachen bei. »Wobei, seine Konsole ist eine ernst zu nehmende Konkurrenz.«

Wieder schnauben alle zustimmend. Für einen Moment ist es ruhig, weil alle auf ihrem Handy prüfen, ob möglicherweise eine Nachricht von zu Hause eingegangen ist.

»Habt ihr schon etwas zu trinken ausgesucht?«, wechselt Sandra das Thema.

»Ich nehme auf jeden Fall einen Ingwertee«, entscheidet Carolin.

»Pfefferminz«, sagt Marie.

»Ich bleibe bei Wasser«, beschließe ich.

Stumm schauen wir uns an und brechen wie auf Kommando in schallendes Gelächter aus.

»Wir sind echte Party-Girls«, stellt Marie fest.

»Wie wäre es, wenn wir heute mal sämtliche Gesprächsthemen um Kinder und Familie streichen würden?«, schlage ich vor. »Und außerdem hat alles, was wir heute zu uns nehmen, keine Kalorien.«

»Das klingt perfekt«, stimmt Sandra zu.

»Lasst uns etwas essen und anschließend tanzen gehen«, bekräftigt Marie.

»Und wir starten in den perfekten Abend mit einer Runde Prosecco Aperol oder einem Gin Tonic«, schließt Carolin, was mit begeistertem Jubel angenommen wird.

Etwa anderthalb Stunden später verlassen wir in bester Stimmung die Bar und betreten kurz darauf unsere Lieblingsdisko. Dank der neu aufgestellten *Regeln* für den Abend sind wir so ausgelassen, dass der Taxifahrer, der das zweifelhafte Vergnügen hatte, uns chauffieren zu dürfen, wahrscheinlich überglücklich war, als wir seinen Wagen wieder verlassen hatten.

Ohne uns mit dem Finden eines Tisches aufzuhalten, stürmen wir direkt die Tanzfläche. Nach der stressigen Arbeitswoche ist ein ausgelassener Abend genau das Richtige. Ich schließe die Augen und gebe mich ganz der Musik hin. Es ist einfach wunderbar, mich treiben zu lassen. Einfach mal an gar nichts zu denken und mit niemandem zu reden. Für einige Minuten genieße ich in vollen Zügen, dass keiner etwas von mir will, zumal Gespräche wegen der wummernden Bässe sowieso unmöglich sind.

Ich werde aus meiner Entspannung gerissen, als eine Person an meinen Rücken stößt. Da war ich wohl zu sehr in meiner Euphorie gefangen und habe zu viel Platz benötigt. Mit einer gemurmelten Entschuldigung drehe ich mich um. Mein Blick fällt auf einen blonden Mann, der mich so auffällig anstarrt, dass es fast schon unangenehm ist. Ich nicke ihm freundlich zu, wende mich ab und vertiefe mich umgehend wieder in die hypnotischen Klänge der Musik.

Eine knappe Minute später werde ich erneut angerempelt. Dieses Mal war ich nicht so abgedriftet wie zuvor, dadurch kann ich ausschließen, dass ich an diesem erneuten Zusammenstoß die Schuld trage. Genervt blicke ich über die Schulter und ächze. Derselbe Typ. Ich ziehe eine Augenbraue hoch, woraufhin er mich breit anlächelt.

»Hi«, sagt er. Zumindest glaube ich das, denn die Musik ist dermaßen laut, dass keine Silbe zu verstehen ist.

»Hi«, murmle ich abweisend und tanze unbeeindruckt weiter. Anscheinend war mein Desinteresse nicht deutlich genug, denn schon wenige Sekunde später spüre ich, wie er sich von hinten an mich schmiegt und versucht, meinem Takt zu folgen. Erfolglos. Es fühlt sich an, als stünde plötzlich ein Kleiderschrank hinter mir und würde mich in meiner Bewegungsfreiheit einengen. Ich kann mir nicht vorstellen, dass es irgendeine Frau gibt, deren Herz man auf die Art erweichen könnte. Mal ganz davon abgesehen, dass ich den perfekten Mann bereits zu Hause habe. Angestrengt bemühe ich mich, Abstand zu gewinnen, doch der Typ mutiert langsam, aber sicher zur Klette. Zu einer ziemlich steifen Klette, die mit Verspätung jeder Bewegung folgt. Okay, wenn er meine Signale nicht kapiert, muss er es eben auf die harte Tour lernen. Wie zufällig *tanze* ich einen Schritt zurück und bohre dabei meinen Pfennigabsatz in seinen Fuß. Seine Reaktion kann ich zwar nicht hören, aber ich bin mir ziemlich sicher, dass er gerade schmerzhaft aufgekeucht hat. Tatsächlich habe ich für einige Momente meine Ruhe, dann startet er den nächsten Angriff. Hilfe suchend sehe ich mich nach meinen Freundinnen um, die sich irgendwo in der Nähe befinden müssen. Wir hätten direkt miteinander tanzen sollen, dann brauchte ich mich jetzt nicht gegen diese übergriffige Schrankklette zur Wehr zu setzen.

Als er sich wieder an mich drückt, ramme ich ihm wie zufällig den Ellbogen in den Bauch. Statt auf Abstand zu gehen, ergreift er mich an der Schulter und dreht mich zu sich herum.

Er sagt etwas mit einer halben Grimasse, das durch die Geräuschkulisse nicht zu hören ist.

Mit einer dürftigen Geste zeige ich auf meine Ohren und hebe bedauernd die Schultern. Ein böser Fehler, denn nun beugt er sich so nah zu mir, dass seine Lippen fast mein Ohr berühren.

»Du bist ja eine kleine Wildkatze!«, brüllt er, woraufhin ich ein genervtes Stöhnen unterdrücke. Auf den Top Ten der Anmachsprüche befinden wir uns ungefähr bei Platz 100.

Ich zucke mit den Schultern und drehe mich weg. Zumindest versuche ich das, denn er denkt nicht daran, mich loszulassen. Stattdessen sieht er mir tief in die Augen. Dabei stelle ich fest, dass er ziemlich jung aussieht. Extrem jung. Darf das Kerlchen überhaupt um diese Uhrzeit noch in den Club? Na gut, ich übertreibe. Aber viel älter als zwanzig ist er definitiv nicht. Vielleicht hat er ein Problem mit seinem Sehvermögen oder es liegt an der gnädigen Beleuchtung des Clubs. Anders kann ich mir nicht erklären, dass er mit mir auf Tuchfühlung geht. Er sollte sich lieber eine Spielkameradin in seinem Alter suchen.

»Komm schon«, raunt er und setzt dabei einen Blick auf, der wohl betörend wirken soll. Auf mich wirkt er eher bekifft. Wie werde ich den Kleinen nur los?

Ich bedeute ihm mit einer Geste, näher zu kommen. Er befolgt meine Aufforderung sofort und beugt sich zu mir herunter.

»Gibst du mir deine Nummer?«, frage ich und kann sein triumphierendes Grinsen förmlich spüren. »Meine Tochter mag blonde Typen. Du könntest ihr gefallen«, füge ich dann betont unschuldig hinzu.

Mit einem panischen Ausdruck auf dem Gesicht weicht er zurück und ist kurz darauf in der Menge verschwunden. Das war ja einfach.

Erneut sehe ich mich um und atme auf, als ich Carolins dunkle Locken in der Menge ausmachen kann. Im Kreis meiner Freundinnen lasse ich mich erneut in den Sog der Musik ziehen. Trotzdem muss ich zugeben, dass meine Laune noch besser geworden ist, seit mich der Zwanzigjährige als adäquate Eroberung eingestuft hat. Anscheinend sehe ich nicht so alt aus, wie ich mich frühmorgens nach dem Aufstehen fühle.

Als ich irgendwann spät in der Nacht (oder in den frühen Morgenstunden, ganz sicher bin ich mir nicht) zu Hause ankomme, werde ich mit einem unvorhersehbaren Problem konfrontiert.

Trotz mehrfachen sorgfältigen Zielens schaffe ich es nicht, mit dem Haustürschlüssel das Schlüsselloch zu treffen. Als ich zehn Minuten und unzählige Fehlschläge später noch immer vor der verschlossenen Haustür sitze, beschließe ich, kompetente Hilfe zu holen. Unser Schloss scheint kaputt zu sein.

Der Mann hebt nach dem dritten Klingeln ab. Seine Stimme klingt alarmiert. »Ist etwas passiert?«

»Alles gut!«, beruhige ich ihn. »Kannst du mir die Tür aufmachen? Unser Schloss ist kaputt.«

»Ja«, sagt der Mann nach einer kurzen Pause verblüfft. »Klar.«

Wenig später öffnet sich die Haustür. Der Mann wirkt bei Weitem nicht so müde, wie es um die Uhrzeit zu erwarten wäre.

Eigentlich sieht er sogar ziemlich sexy aus, wie er mit zerzausten Haaren und nur mit einer Jogginghose bekleidet im Flur steht. Total unfair. Wenn man mich nachts aus dem Bett holt, habe ich Ähnlichkeit mit dem Hund, nachdem er gebadet und geföhnt wurde. Zerzaust und äußerst schlecht gelaunt.

Interessiert nehme ich den Mann in Augenschein. Das Ergebnis meiner Betrachtung ist sehr erfreulich. Ein äußerst gelungenes Exemplar. Und außerdem meins. Irgendwie nutze ich das viel zu selten.

»Was habt ihr gemacht?«, reißt mich der Mann aus meinen definitiv nicht mehr jugendfreien Gedanken.

»Prosecco Aperol getrunken. Gut gegessen. Getanzt«, zähle ich auf. »Und Prosecco getrunken. Und getanzt. Und Prosecco getrunken.«

Der Mann lacht. »Das erklärt deine Hochstimmung.«

»Dich werde ich auch gleich in Hochstimmung versetzen«, kündige ich kichernd an und ziehe ihn hinter mir her ins Schlafzimmer.

Am kommenden Morgen weckt mich der Mann mit einem Kuss.

»Guten Morgen, mein Schatz. Es wäre für mich absolut in Ordnung, wenn du abends öfter feiern würdest. Ich habe dir schon den Prosecco kaltgestellt.«

Erste Hilfe

Fünf Strategien, auf die Sie zurückgreifen können, um sich unliebsame Verehrer vom Hals zu schaffen.

1. Die »Wir tanzen ja nur«-Taktik

Diese Variante ist besonders in vollen, unübersichtlichen Clubs sehr wirkungsvoll. Drehen Sie selbstvergessen an Ihrem Ehering, bis die Aufmerksamkeit Ihres Gesprächspartners darauf fällt.

Er: »Oh. Du bist verheiratet.«

Sie: »Ja. Ist das ein Problem?«

Er: »Nein, natürlich nicht. Wir tanzen ja nur.«

Sie: »Genau. Wobei …« *(Werfen Sie einen beunruhigten Blick über die Schulter.)*

Er *(besorgt)*: »Wobei?«

Sie: »Na ja, mein Mann ist eher der eifersüchtige Typ. Und seit es mit seiner Profiboxer-Karriere aus ist, hat er echt viel Zeit, mir nachzuspionieren. Aber wir müssen uns keine Sorgen machen. Wir tanzen ja nur.«

2. Die »Rohe Gewalt«-Taktik

Schön, aber tödlich – das ist die Devise.

Rüsten Sie sich mit mörderisch hohen High Heels aus, gerne in Rot, um Gefahr zu signalisieren. Ergänzen Sie Ihr Outfit mit einer möglichst harten und kantigen Clutch, die Sie selbstverständlich dauerhaft am Körper tragen.

Sollte Ihnen ein Verehrer zu nahe kommen, können Sie

sämtliche Waffen, die Sie am Körper tragen, zu Ihrer Verteidigung einsetzen. Folgende Reihenfolge hat sich bewährt:

Treten Sie mit Ihrem Stilettoabsatz beherzt auf den Fuß Ihres Opfers. Warten Sie nicht, bis der Schmerz abgeklungen ist, sondern setzen Sie direkt nach, indem Sie ihm die Clutch in den Magen hauen. Sollte das wider Erwarten keine Wirkung zeigen, wiederholen Sie beide Angriffsmanöver, dieses Mal jedoch mit der Clutch etwa zwanzig Zentimeter tiefer. Das funktioniert garantiert.

3. Die »Als ich noch jung war«-Taktik
Dieser Ansatz basiert darauf, dass Sie Ihrem aufdringlichen Verehrer unauffällige Hinweise auf Ihr wahres Alter geben – plus/minus dreißig Jahre.

Er: »Wow, ich liebe diesen Song.«
Sie: »Ja, den habe ich in meiner Jugend gerne auf meinem Grammofon gehört.«
Er *(tippt auf seinem Handy)*
Sie: »Ich vermisse die alten Geräte mit Wählscheibe. Diese neumodische Technik überfordert mich.«
Er: »Was hältst du von Sunrise Avenue?«
Sie: »Ich bevorzuge Johnny Cash. Wir sind ein Jahrgang, das verbindet.«

4. Die »Mein Arzt hat gesagt«-Taktik
Achten Sie darauf, diese Strategie nicht in Ihrem Heimatort anzuwenden. Ansonsten könnten unschöne Gerüchte entstehen.

Sie: »Ich bin so glücklich, endlich wieder unter Leute zu dürfen.«
Er: »Oh, warst du krank?«
Sie: »Ehrlich gesagt ist es noch nicht ganz überstanden.«

Er: »Was hast du denn, wenn ich fragen darf?«

Sie: »Irgendeine Scharlachmutation.«

Er *(erschüttertes Schweigen)*

Sie: »Aber der Arzt meinte, es sei unbedenklich.«

Er *(mit zunehmender Besorgnis)*: »Unbedenklich?«

Sie: »Ja, vermutlich bin ich nicht mehr ansteckend. Er kann das nicht genau sagen, weil der Erreger noch so unbekannt ist.«

5. Die »Drama-Queen«-Taktik

Hierfür ist schauspielerisches Talent gefragt. Geben Sie alles.

Sie *(in einer Musikpause)*: »Es tut mir leid.«

Er *(irritiert)*: »Was ist denn?«

Sie *(mit einem bühnenreifen Schluchzen)*: »Ich kann das nicht!«

Er: »Aber was denn?«

Sie *(eine erste Träne läuft über Ihre Wange)*: »Das mit uns.«

Er: »Uns?«

Sie: »Es tut mir so leid. Ich dachte, ich würde das hinbekommen, aber ich schaffe es nicht.«

Er: »???«

(Warten Sie, bis er ausreichend verwirrt ist, dann formulieren Sie die Killeraussage, auf die es einfach keine richtige Antwort gibt.)

Sie: »Es liegt nicht an dir, es liegt an mir.«

Mein Geheimtipp: Prosecco Aperol

Prosecco Aperol trinke ich ohne zusätzliches Wasser, dafür mit frischen Himbeeren. Das bringt nicht nur Abwechslung im Geschmack, sondern ist gleichzeitig ein farbenfroher Hingucker, der gute Laune macht.

Zutaten (für eine Person)
8 cl Prosecco
4 cl Aperol
2 Eiswürfel
1 Handvoll frischer Himbeeren

Zubereitung
Zuerst Prosecco, dann Aperol in ein bauchiges Glas mit Eiswürfeln gießen. Anschließend die Himbeeren vorsichtig hinzufügen.

11

Wertvolle Erziehungstipps (Teil 1) oder: »Aber das ist jedem selbst überlassen«

Sorgfältig fülle ich die Nussmischung in kleine Porzellanschüsseln, die ich anschließend auf dem Tisch verteile. Die Getränke stehen kalt, das Vollkornbrot ist geschnitten. Sogar mein Spezialrezept, eine Gemüse-Bowl, ist angerichtet. Jetzt nur noch die Käseauswahl entsprechend in Szene setzen, dann sind die Vorbereitungen abgeschlossen. Genau rechtzeitig, denn unser Besuch müsste jede Minute eintreffen.

Wie auf Kommando klingelt es. Im Vorbeigehen überprüfe ich im Flurspiegel mein Outfit – Jeggings und einen Oversized-Pullover, eine Kombination, die zeigt, dass ich auf einen gemütlichen Abend eingestellt bin, die aber gleichzeitig ganz gut aussieht – und öffne die Tür.

»Schön, dass ihr da seid«, begrüße ich unsere Bekannten, nehme ihre Jacken entgegen und hänge diese an der Garderobe auf.

»Endlich sehen wir uns mal wieder«, sagt Moni, während sie mir zwei Küsschen auf die Wangen drückt. »Unsere gemeinsamen Spieleabende haben mir gefehlt. Ach, und ich bin total gespannt darauf, was es bei euch Neues gibt.«

Während ich sie ins Wohnzimmer führe, plappert Moni unaufhörlich weiter.

»Total schade, dass ihr unsere letzten beiden Treffen absagen musstet. Natürlich verstehen wir das, so beschäftigt, wie ihr seid. Beide voll berufstätig, drei Kinder, einen Hund, ein großes

Haus. Kein Wunder, dass da etwas auf der Strecke bleibt. Umso schöner, dass ihr es heute einrichten konntet.«

Ich beschließe, die leichte Kritik, die man aus den Worten heraushören könnte, zu ignorieren. Zudem muss ich gestehen, dass weder der Mann noch ich sonderlich traurig sind, dass der letzte Spieleabend bereits einige Monate her ist.

»Worauf habt ihr heute Lust?«, frage ich über die Schulter, während ich unseren Vorrat an Gesellschaftsspielen in Augenschein nehme. »Strategie? Kartenspiele?«

»Tabu!«, ruft Moni begeistert. »Das ist mit euch immer lustig. Stimmt's, Jochen?«, wendet sie sich an ihren Mann, der ihr wohlwollend zulächelt.

»Auf jeden Fall!«, bestätigt er. »Paar gegen Paar. Zieht euch warm an.«

Ich nicke, ziehe statt warmer Kleidung die Tabu-Packung hervor und lege sie auf den Tisch. »Baut ihr auf? Wir kümmern uns solange um die Getränke.«

Moni nickt mir freundlich zu, sodass ich mit bestem Gewissen die Flucht in die Küche antreten kann, wo sich der Mann seit verdächtigen zehn Minuten mit einer Weinflasche beschäftigt.

»Du brauchst ja lange«, stelle ich mit einem unergründlichen Unterton fest.

»Ich nehme nur meine Pflichten als Gastgeber ernst«, verteidigt er sich, doch das schlecht verborgene Lachen in seiner Stimme verrät ihn. Ich ziehe eine Augenbraue hoch.

»Okay, du hast recht«, gibt er mit einem entwaffnenden Grinsen zu. »Die beiden stressen mich schon jetzt.«

»Jochen ist *dein* Geschäftspartner«, erinnere ich ihn. »Und du schuldest mir lebenslange Dankbarkeit dafür, dass ich mich immer wieder auf diese Spieleabende einlasse, um damit *euer* Verhältnis zu fördern.«

»So schlimm sind sie wirklich nicht«, besänftigt der Mann.

»Sagt derjenige, der sich seit ihrer Ankunft in der Küche versteckt«, ergänze ich, muss dann aber selbst grinsen. »Eigentlich sind sie echt in Ordnung. Der Abend wird bestimmt ganz nett, sofern du die Küche irgendwann verlässt.«

Etwa eine Stunde später haben wir die erste Runde Tabu hinter uns. Trotz der Ankündigung einer vernichtenden Niederlage hat unser Team nur knapp verloren.

»Noch eine Runde?«, fragt Moni mit leuchtenden Augen, was von Jochen mit einem enthusiastischen Nicken unterstützt wird.

Ich verkneife mir ein Seufzen und mische die Karten, während der Mann die beiden Spielfiguren zurück auf den Anfang stellt.

Jochen lehnt sich bequem zurück und nimmt einen Schluck Wein.

»Wo sind eigentlich eure Kinder?«, fragt er. »Die habt ihr doch noch, oder?«

»Ja.« Ich lächle schwach. »Die beiden Jüngeren sind in ihren Zimmern.«

»Sie schlafen schon«, wendet sich Moni an Jochen. »Ist doch klar.«

»Vermutlich lesen sie«, wirft der Mann ein. »Vielleicht haben sie sich auch ein Hörspiel angemacht.«

»Ach«, sagt Moni gedehnt. »Sie sind noch *wach?*« Konsterniert blickt sie auf ihre Armbanduhr. »Es ist bald zehn.«

»Stimmt«, bestätige ich. »Und morgen ist Sonntag, sie können also ausschlafen.«

»Trotzdem«, beharrt Moni. »Die Kleinen brauchen einen festen Rhythmus, an dem sie sich orientieren können. Bringt es sie nicht total durcheinander, wenn sie so lange aufbleiben dürfen? Das muss doch die Hölle sein, wenn sie am Montag wieder früh aufstehen müssen.«

»Das ist sowieso die Hölle, egal, wann sie am Wochenende ins Bett gegangen sind«, wirft der Mann mit einem Lachen ein, was Moni mit einem Stirnrunzeln quittiert.

»Ist ja eure Entscheidung. Ihr wisst am besten, was gut für eure Kinder ist«, murmelt sie, sieht dabei aber so aus, als meinte sie eigentlich das Gegenteil. »Und ihr seht gar nicht nach, wann sie schlafen gehen? Dann wisst ihr ja nicht, ob sie genug Erholung hatten.«

»Die schlafen schon ein, wenn sie müde sind«, bemerkt der Mann entspannt.

»Unter der Woche achten wir darauf, dass sie spätestens um halb neun im Bett sind«, springe ich ihm bei und ärgere mich gleichzeitig darüber, dass ich mich dermaßen leicht in die Defensive drängen lasse.

Moni seufzt verständnisvoll. »Du musst dich nicht vor mir rechtfertigen«, sagt sie mit einem zuckersüßen Lächeln. »Ihr habt euch das sicher gut überlegt. Wenn ich Kinder hätte, würde ich es vermutlich anders machen, aber das ist jedem selbst überlassen.«

Ich zwinge mich zu einem Lächeln und deute auf das Spielbrett.

»Wollen wir anfangen?«, frage ich, doch mittlerweile hat Jochen ebenfalls Gefallen am Thema Kindererziehung gefunden.

»Was mich schon immer interessiert hat«, fängt er an, während ich ein resigniertes Stöhnen unterdrücke. »Wie handhabt ihr es denn mit dem Fernsehen?«

Der Mann und ich tauschen einen Blick. Uns beiden ist klar, dass wir uns mit einer Antwort auf gefährliches Terrain begeben, egal wie sie ausfällt. Obwohl wir lange diskutiert und gemeinsam eine Entscheidung getroffen haben, hinter der wir beide stehen, birgt dieses Thema schier unerschöpfliches Konfliktpotenzial. Ganz abgesehen davon, dass die unweigerliche folgende Diskussion wenig ergiebig ist. Aber vielleicht läuft es dieses Mal anders. Ich sollte unserem Besuch zumindest eine Chance geben.

»Das ist unterschiedlich«, erwidert der Mann ausweichend. »Manchmal schauen sie zwei Tage überhaupt nicht, dann sitzen sie wieder zwei Stunden am Stück davor.«

»Zwei Stunden am Stück?«, echot Moni entsetzt.

»Na, ein Film dauert eben so lange«, unterstütze ich den Mann und verschweige wohlweislich, dass die Kids manchmal auch einfach mehrere Serienfolgen hintereinander schauen. Das würde bei Moni wahrscheinlich zu einem Herzinfarkt führen. Schöner Gedanke. »Wäre unsinnig, wenn sie diesen auf zwei Tage aufteilen müssten«, schiebe ich hinterher.

»Hm«, macht Moni und sorgt damit für ein abruptes Emporschnellen meines Adrenalinpegels. Echt, ich hasse es, wenn jemand dieses undefinierbare Geräusch macht, zumal es in 99 Prozent der Fälle ein Ausdruck von Missfallen ist.

»Die Kinder meines Bruders haben streng limitierte Zeiten«, informiert uns Jochen. Keine Ahnung, womit ich ihm signalisiert habe, dass mich das interessieren könnte.

»Ja?«, frage ich der Höflichkeit halber, was ihn sofort zu einer näheren Erklärung motiviert.

»Eine halbe Stunde pro Tag«, erläutert er. »Sie teilen einen Film tatsächlich auf mehrere Tage auf. Manchmal brauchen sie sogar eine Woche dafür. Sie wollen vermeiden, dass die Kinder von den schnellen Bildabfolgen überfordert werden. Und nach der halben Stunde gehen sie an die frische Luft, egal bei welchem Wetter.«

»Beeindruckend«, bemerkt der Mann neutral.

»Absolut«, bekräftigt Moni. »Und die Kleinen sind extrem selten krank und äußerst höflich!«

Obwohl ich bezweifle, dass das am limitierten Fernsehkonsum liegt, nicke ich freundlich.

»Dieser ganze Mist, der im Fernsehen kommt, ist nicht für

die Kleinen geeignet«, fährt Jochen fort. »Wenn andere Kinder das schauen, in Ordnung. Aber meinen würde ich das nicht erlauben. Mir käme nur ein pädagogisch wertvolles Programm ins Haus.«

Mit schlechtem Gewissen denke ich an die letzte Serie, die sich die Kinder unter lautem Gelächter angesehen haben. Die dort dargestellte Verfolgungsjagd war mit Sicherheit nicht pädagogisch wertvoll.

»Aber das ist jedem selbst überlassen«, wiederholt Moni ihre Worte von vorhin.

Für einige Sekunden herrscht Stille.

»Wollen wir dann anfangen?«, durchbricht der Mann das angespannte Schweigen. »Die Sieger eröffnen die nächste Runde.«

Moni ergreift mit einem Kichern den Würfel und zieht kurz darauf ihre Spielfigur drei Felder nach vorne. »Doppelte Zeit!«, jubelt sie und zieht die erste Karte.

»Fertig?«, erkundigt sie sich bei Jochen, der sich etwas aufrechter hinsetzt und seine Fingerknöchel knacken lässt.

»Zeigen wir's ihnen!«, erwidert er kämpferisch.

Moni dreht die erste Karte um, und über ihr Gesicht gleitet ein Strahlen.

»Okay! Das wird gut!«, motiviert sie sich selbst. »Also. Weißt du noch, wo wir im letzten Urlaub waren?«

»Italien!«, schmettert Jochen. »Gardasee! Wasser! Sonne!«

»Stopp!«, unterbricht ihn Moni. »Wir haben da doch in einem ...«

»... Ferienhaus gewohnt! Gästehaus! Apartment! Wohnung! Ferienwohnung!«, zählt Jochen in schneller Folge auf.

»Lass mich doch mal ausreden!«, verlangt Moni, während ich belustigt feststelle, dass bereits ein Viertel der Zeit vergangen ist, ohne dass Jochen auch nur in die Nähe des gesuchten Begriffs gekommen wäre.

»Dann mach endlich«, drängt er und deutet warnend auf die Uhr.

»Also. Wir waren in Italien im Urlaub«, beginnt Moni erneut. »Da habe ich doch immer etwas gemacht ...«

Sie verstummt und mustert Jochen aufmerksam.

»Essen?«, rät er zögerlich, woraufhin Moni schnaubt.

»Nee, so viel hast du gar nicht gegessen«, verbessert er sich schnell.

»Überleg doch mal!«, verlangt Moni.

»Ähm ... schlafen?«, sagt Jochen hilflos, woraufhin Moni erbost die Luft ausstößt. Wenn er mich eben nicht mit seinem »Die Kinder meines Bruders«-Bericht auf die Palme gebracht hätte, könnte ich fast Mitleid empfinden.

»Schwimmen?«, fährt Jochen fort. »Pool? Trinken? Getränk? Cocktail? Piña Colada?«

Moni schüttelt wild den Kopf.

»Leg doch die Karte weg«, schlägt er vor.

»Dann bekommen die beiden den Punkt!«, zischt Moni. »Du musst dir nur mal Mühe geben! Ich habe da immer etwas Besonderes gemacht.«

Jochen hebt verzweifelt die Schultern. »Ich weiß nicht, wovon du sprichst.«

»Jochen!«, keift sie. »Du hast schon Unmengen an Zeit verschwendet!«

»Moni«, beschwört er sie. »Nimm doch die nächste Karte!«

»Auf keinen Fall!«, widerspricht sie schrill. »Das weißt du! Ich bin ganz sicher! Das musst du wissen! Erinnere dich doch mal an den Urlaub in Italien! Was habe ich da morgens immer gemacht?«

»Ich habe keine Ahnung!«, brüllt Jochen. Gleichzeitig laufen die letzten Sandkörnchen durch die Uhr. Die Zeit ist um.

Moni feuert die Karte auf den Tisch. »Haarspray«, stößt sie erstickt hervor.

»Haarspray?«, wiederholt Jochen fassungslos. »Aber das nimmst du doch jeden Morgen!«

»Aber im Urlaub habe ich es auch abends benutzt, bevor wir zum Buffet gegangen sind. Das hättest du wissen müssen!«

Ich beiße auf die Innenseite meiner Wangen, um nicht in haltloses Gelächter auszubrechen. Mit dieser unerwartet heiteren Wendung des Abends hätte ich nicht gerechnet. Unsere Besucher funkeln sich an, als würden sie gleich aufeinander losgehen. Vielleicht sollte ich schon mal eine Fläche freiräumen, um Platz für einen Ringkampf zu schaffen.

Bevor es zum Eklat kommt, öffnet sich die Tür und die Große betritt den Raum. Ihr Blick fällt auf das sich wütend anstarrende Pärchen, und sie sieht aus, als wollte sie direkt wieder flüchten. Zu spät, denn Jochen erkennt in ihr den Ausweg aus der drohenden Ehekrise.

»Du bist ja groß geworden«, stellt er fest und verspielt mit dem nächsten Satz zielsicher jegliche Sympathie der Großen, die er ohnehin nicht hatte. »Ein richtiges kleines Fräulein.«

Erste Hilfe

Fünf Strategien, auf die Sie zurückgreifen können, wenn jemand Ihren Erziehungsstil infrage stellt.

1. Die »Kühle Distanziertheit«-Taktik
Mit dieser Reaktion können Sie Ihren Besuch innerhalb kürzester Zeit loswerden.

Besuch: »… aber das ist jedem selbst überlassen.«
Sie *(eisiges Schweigen)*
Besuch: »Alles okay?«
Sie: »Ich muss zugeben, dass es mich schockiert, dass du das so siehst.«
Besuch: »Das war nicht als Kritik gemeint.«
Sie: »So ist es aber bei mir angekommen.«
Besuch: »Ich meinte es ehrlich, dass es jeder selbst entscheiden kann.«
Sie: »Sicher.«
Besuch: »Tut mir wirklich leid, wenn du das falsch verstanden hast.«
Sie: »Dafür ist es vermutlich zu spät.«

2. Die »Früher habe ich das auch so gesehen«-Taktik
Hierbei greifen Sie auf die Erfahrung zurück, die Sie sich im Verlauf vieler Jahre Kindererziehung angeeignet haben. Sie sind überlegen, zeigen Sie das auch. Setzen Sie ein mildes Lächeln auf und lehnen Sie sich entspannt zurück. Achten Sie auf einen leichten Plauderton.

Besuch: »… aber das ist jedem selbst überlassen.«

Sie: »Witzig, dass du das so siehst.«

Besuch: »Wie meinst du das?«

Sie: »Na, daran merkt man, dass deine Kids deutlich jünger sind.«

Besuch: »Aha?«

Sie: »Früher habe ich das auch so gesehen. Aber mit den Jahren kommt die Erfahrung. *(Tätscheln Sie liebevoll den Arm Ihres Besuchs.)* Du wirst auch noch in der Realität ankommen.«

3. Die »Ich dachte, wir wären Freunde«-Taktik

Diese Strategie sollten Sie nur umsetzen, wenn Sie schauspielerisches Talent haben. Geben Sie Ihrem Besuch keine Gelegenheit zu einer Antwort. Treiben Sie ihn in die Enge und steigern Sie sich richtig hinein in Ihre Hysterie. Je lauter und schriller, desto besser.

Besuch: »… aber das ist jedem selbst überlassen.«

Sie *(bereits mit hysterischem Unterton)*: »Wie bitte?«

Besuch: »Na, ich meinte ja nur, dass …«

Sie: »Du kritisierst meine Erziehung?

Besuch: »Aber nein, ich …«

Sie *(kontinuierlich lauter werdend)*: »Du bist also der Meinung, wir würden kleine Monster heranziehen?«

Besuch: »Was? Nei…«

Sie: »Wie kannst du mir das so gefühllos mitteilen? Ich dachte, wir wären Freunde!«

Besuch: »Ab…«

Sie *(jetzt schluchzend)*: »Ich hätte nie angenommen, dass du das so siehst!«

4. Die »Gib mal ein Bier rüber«-Taktik

Gestalten Sie mit der Unterstützung Ihrer Kinder ein kleines Schauspiel, das Ihren Besucher in fassungslosem Staunen zurücklässt. Mit Sicherheit sind die ursprünglichen Vorwürfe in Sekundenschnelle vergessen.

Eine mögliche Umsetzung könnte folgendermaßen aussehen.

Besuch: »… aber das ist jedem selbst überlassen.«

Tochter *(kommt kaugummikauend in den Raum und lässt ihren Rucksack mitten in den Weg fallen)*: »Gib mal ein Bier rüber.«

Besuch *(irritiert)*: »Bier?«

Sie: »Hol's dir selbst. Steht im Kühlschrank.«

Tochter: »Muss vorglühen für die Tattoo-Con heute Abend.«

Besuch *(entsetzt)*: »Tattoo-Con?«

Tochter: »Tattoo-Convention. Ich lass mir heute ein Tribal stechen. Vielleicht ist auch ein Piercer am Start.«

Sie: »Viel Spaß!«

Tochter: »Wartet nicht auf mich. Ich bleib bei Marcel über Nacht, der nimmt mich mit dem Motorrad mit.« *(Verschwindet grußlos.)*

Sie *(mit einem Lächeln)*: »Ja, die Jugend …«

5. Die »Mach du's doch besser«-Taktik

Flüchten Sie aus dem Haus, und lassen Sie Ihren Besuch alleine mit Ihren Kindern. Er wird es schon bald bereuen, Sie kritisiert zu haben. Bitter bereuen.

Mein Geheimtipp: Gemüse-Bowl

Die bunte Vielfalt kommt immer gut an und hat den Vorteil, dass ich sie schon am Nachmittag vorbereiten kann. So habe ich am Abend genug Zeit, mich um die Gäste zu kümmern, ohne dauernd in der Küche nach dem Essen zu sehen.

Zutaten Marinade
2 Knoblauchzehen
1 Bund Frühlingszwiebeln
3 EL Sesamöl
50 ml Sojasauce
100 ml Hoisin Sauce

Zutaten Erdnuss-Sauce
1 Knoblauchzehe
1 Ingwerstück, ca. daumengroß
3 EL Sojasauce
3 EL Ahornsirup
Saft einer Limette
85 g Erdnussmus
30 ml Wasser

Zutaten Gemüse-Bowle
15 g gekochte Reisnudeln
2 Karotten
1 Avocado
½ Gurke
½ Paprika

2 Handvoll Blattspinat
Blätter von Basilikum und Minze
1 El schwarzer Sesam
2 EL Nüsse, gehackt

Zubereitung
Zunächst alle Zutaten für die Marinade vermengen. Fleisch,
Lachs oder Tofu in Stücke schneiden und in die Marinade ein-
legen.
Alle Zutaten für die Erdnusssauce in einem Mixer vermengen.
Zutaten für die Gemüse-Bowl zerkleinern und in eine große
Schüssel untermischen. Das Fleisch, Tofu oder Lachs anbraten
und dazugeben. Im Anschluss die Erdnusssauce darüber ver-
teilen.

12

Wertvolle Erziehungstipps (Teil 2) oder: »Du bist so sensibel wie ein Sack Kartoffeln!«

Das *kleine Fräulein* bleibt irritiert im Türrahmen stehen und tritt von einem Fuß auf den anderen.

»Guten Abend«, sagt sie wohlerzogen, woraufhin unser Besuch erfreut zurückgrüßt.

»Hübsches Ding«, bemerkt Moni, als stünde die Große nicht direkt vor ihr. »Und ausgesprochen höflich.«

»Schon zurück?«, fragt der Mann mit einem Blick auf die Uhr.

»Schon?«, wiederholt Jochen. »Es ist nach zehn!«

»Es ist Samstag«, entgegnet die Große mit einem irritierten Unterton. »Da darf ich bis Mitternacht wegbleiben, wenn wir privat feiern und abgeholt werden.«

Oh Gott. Das hat sie nicht wirklich gesagt. Ich schließe für einen Moment die Augen, doch das kann den unumgänglichen Themenwechsel nicht verhindern.

Vergessen ist das Italienurlaub-Haarspray-Desaster. Stattdessen wird die nächste Erziehungsdiskussion eröffnet.

»Nicht euer Ernst«, sagt Jochen in unsere Richtung.

Ich atme einmal tief durch, um mich für die folgende Debatte zu wappnen.

»Doch«, erwidere ich knapp.

»Wir haben uns darauf geeinigt, Mitternacht als Zeitlimit zu setzen, solange wir genau wissen, wo sie sich aufhält«, erklärt der Mann.

Moni schnappt nach Luft. Sie macht den Eindruck, als hätte sie gerade etwas Entsetzliches erfahren. Unsere Zugehörigkeit zur Mafia oder so.

»Wie alt ist sie? Vierzehn?«, vergewissert sie sich. »Und da muss sie nicht spätestens um zehn zu Hause sein? Was ist, wenn sie auf die schiefe Bahn gerät? Wenn sie mit Alkohol in Kontakt kommt? Drogen?« Moni stockt für einen Moment. »Was, wenn sie schwanger wird?«, schließt sie dann geradezu hysterisch.

»Stimmt«, gibt der Mann zu. »Ich vergaß, dass die Wahrscheinlichkeit, schwanger zu werden, nach 22 Uhr deutlich erhöht ist.«

»Mach dich nur lustig«, schnaubt Moni. »Du wirst dich noch an meine Worte erinnern, wenn sie dich innerhalb des nächsten Jahres zum Großvater macht!«

»Ich geh dann mal auf mein Zimmer, Opa«, informiert uns die Große mit einem unterdrückten Lachen. Alkohol- und drogenabhängig, schwanger und zusätzlich ziemlich vorlaut.

»Moment!«, hält sie Jochen auf, der dem Gespräch erschüttert gelauscht hat. Umgehend erlischt das Grinsen auf dem Gesicht meiner Tochter. Ha, das geschieht ihr recht. Ich lehne mich entspannt zurück, hebe mein Glas an die Lippen und trinke einen Schluck. Dieses Inquisitionsverfahren hat sie sich selbst eingebrockt. Sie hätte ja nicht direkt petzen müssen, dass sie bis Mitternacht wegbleiben darf.

»Wo warst du?«, fragt Jochen streng.

»Auf einer Party bei Carolin«, antwortet der Mann.

»Auf einer Party bei Carolin«, antwortet die Große gleichzeitig.

»Ich sagte doch, dass wir wissen, wo sie unterwegs ist«, ergänze ich.

»Hm«, macht Moni. Grrr.

»Gab es Alkohol?«, hakt Jochen lauernd nach.

Die Große zuckt mit den Schultern. »Keine Ahnung. Habe nicht darauf geachtet. Wahrscheinlich nicht.«

»Vielleicht hat ihr jemand etwas untergeschoben«, flüstert Moni so laut, dass alle Anwesenden es hören. »Man weiß ja, wie es auf solchen Partys zugeht. Gut, dass du geflüchtet bist, solange du noch in der Lage dazu warst.«

Die Große blinzelt irritiert. »Die Party war ohnehin vorbei.«

»Aha!«, stößt Jochen triumphierend hervor. »Gab es eine Razzia? Oder haben sich Nachbarn wegen Ruhestörung beschwert?«

»Nein«, erwidert die Große, die mittlerweile nicht mehr amüsiert, sondern leicht genervt klingt. Wer könnte es ihr verdenken? »Ninas Vater hat uns um 22 Uhr abgeholt. Da war die Party zu Ende.«

»Ach so?«, sagt Jochen ungläubig.

»Waren auch Jungs eingeladen?«, erkundigt sich Moni gespielt unschuldig.

Die Große nickt. »Klar«, bestätigt sie.

»Hast du eigentlich einen Freund?«, will Moni wissen, woraufhin mir die Große einen hilfesuchenden Blick zuwirft.

»Du weißt, dass dein Zimmer aussieht wie ein Schlachtfeld. Du hattest eigentlich versprochen, vor der Party deine Kleider zusammenzulegen«, sage ich und biete ihr damit ziemlich offensichtlich einen Ausweg an, den sie gerne annimmt.

»Ja, darum kümmere ich mich sofort«, verspricht sie artig und verschwindet im Höchsttempo aus dem Wohnzimmer.

Jochen schüttelt den Kopf. »Mitternacht«, murmelt er. »Das ist ziemlich viel Freiheit in dem Alter.«

»Eigentlich bin ich ja der Meinung, dass die Erziehung jedem selbst überlassen ist«, bemerkt Moni. »Aber hier muss man doch eingreifen!«

Ich tausche einen Blick mit dem Mann. Die beiden unterhalten sich, als wären wir gar nicht da.

»Das ist verantwortungslos«, sagt Moni.

Demonstrativ stelle ich mein Glas zurück auf den Tisch.

»Das sehe ich anders«, widerspreche ich ruhig. »Unsere Tochter hat uns keinen Grund gegeben, an ihrer Ehrlichkeit zu zweifeln. Sie bezieht uns in ihre Abendplanung ein, hat ihr Handy angeschaltet und schreibt eine Nachricht, sobald sie am Zielort angekommen ist. Warum sollten wir künstlich Misstrauen erzeugen, obwohl das total unnötig ist?«

»Aber macht ihr euch gar keine Sorgen?«, fragt Jochen.

»Wir vertrauen ihr«, entgegnet der Mann fest. »Und solange sie ehrlich ist, sehe ich keinen Grund, daran etwas zu ändern.«

Moni öffnet den Mund, um zu widersprechen.

»Du sagtest mehrfach, es sei jedem selbst überlassen, wie er seine Kinder erzieht«, komme ich ihr zuvor. »Dann akzeptiert bitte, dass wir unsere eigenen Entscheidungen treffen, für die wir uns nicht rechtfertigen wollen.«

»Ich hab's ja nur gut gemeint«, murmelt Moni mit einem eindeutig beleidigten Unterton.

»Lasst uns weiterspielen«, schlägt der Mann munter vor, woraufhin sich die allgemeine Aufmerksamkeit wieder dem Spielbrett zuwendet.

Kurz darauf befinden wir uns in einem erbitterten Tabu-Battle, denn dieses Mal bin ich so gereizt, dass ich beschließe, unserem Besuch den Sieg nicht zu schenken.

Mehrere Runden beschränken sich die Gespräche ausschließlich auf hektische Erklärungen und gebellte Begriffe, doch dann betritt Jochen erneut gefährliches Terrain.

»Das ist Frauen ziemlich wichtig«, beginnt er.

»Haarspray!«, ruft Moni.

»Nein«, widerspricht Jochen genervt. »Außerdem hatten wir diesen Begriff schon. Viele Männer legen auch Wert darauf, aber weniger bei sich selbst. Mehr bei den Frauen.«

»Frisur?«, rät Moni unsicher. »Lange Haare?«

Jochen stöhnt. »Vergiss doch mal deine blöden Haare.«

»Ich versuche nur, mitzudenken«, sagt Moni eingeschnappt.

Jochen stößt ein Ächzen aus, das deutlich macht, was er von Monis kognitiver Leistung hält.

»Ich fange noch mal an«, seufzt er ergeben. »Vielleicht kapierst du es dann. Also: Frauen ist es wichtig, deshalb sind sie andauernd auf Diät.«

»Gewicht?«, mutmaßt Moni.

Jochen brummt zustimmend. »Du bist auf dem richtigen Weg!«, stellt er gönnerhaft fest. »Weiter!«

»Gewicht«, wiederholt Moni grüblerisch. »Waage. Diät. Gib mir mehr Tipps!«

»Sie hat es auch«, erklärt er und deutet mit dem Kinn auf mich. »Eine tolle …«

Allmählich ahne ich, worauf es hinausläuft. Wenn es das ist, was ich denke, sollte er sich schnellstmöglich überlegen, wie er die Situation retten kann. Der Mann und ich tauschen einen Blick. Er hat ebenfalls begriffen, in welche Schwierigkeiten sich Jochen gerade hineinmanövriert.

Moni starrt mich hilflos an und versucht – offenbar erfolglos – zu ergründen, was an mir *toll* sein könnte. Im selben Moment laufen die letzten Körnchen durch die Sanduhr.

Jochen zuckt mit den Schultern. »Figur«, löst er auf.

»Und da nimmst du *sie* als Beispiel?«, fragt Moni mit einem hysterischen Unterton, der zeigt, dass meine Einschätzung der Lage korrekt war.

Jochen nickt und mustert mich anerkennend.

»Es ist beeindruckend, wie du es geschafft hast, bei drei Kindern so in Form zu bleiben«, sagt er in meine Richtung, während Monis Miene zunehmend düster wird. »Echt, das sieht man dir überhaupt nicht an.«

»Klar, wenn man Zeit hat, jeden Tag für mehrere Stunden

ins Fitnessstudio zu rennen, während einem die Putzfrau den Haushalt schmeißt!«, giftet sie.

Ich entschließe mich, die offene Provokation zu ignorieren und nicht zu erwähnen, wie lange es her ist, dass ich das Fitnessstudio von innen gesehen habe. Stattdessen verfolge ich stumm die Auseinandersetzung der beiden.

»Wieso regst du dich auf? Wir haben auch eine Putzhilfe«, verteidigt mich Jochen, der die Gefahr weiterhin nicht erkennt. »Du machst andauernd Bauch-Beine-Po und dieses Pilatus oder wie es heißt.«

»Andauernd?«, echot Moni. »Nur montags, mittwochs und freitags! Und anscheinend reicht es nicht aus, wenn du bei einer tollen Figur an sie denkst und nicht an mich!«

Jochen erkennt mit Verspätung seinen Fehler. »So war das doch gar nicht gemeint!«, macht er schnell einen Rückzieher. »Deine Figur ist doch nicht schlecht.«

Amüsiert verfolge ich seinen vergeblichen Rettungsversuch.

Moni ist mittlerweile aufgestanden und hat die Arme vor der Brust verschränkt.

»Nicht schlecht?«, wiederholt sie und sieht dabei aus, als würde sie sich gleich auf ihren Mann stürzen. »Ich könnte häufiger trainieren, wenn nicht der ganze Haushalt an mir hängenbleiben würde! Du erscheinst nach der Arbeit und erwartest, dass das Essen auf dem Tisch steht. Du kommst nicht einmal auf die Idee, deine Hilfe anzubieten! Putzen! Deine Hemden bügeln! Kochen! Abwasch! Einkaufen! Du bist nicht mal in der Lage, eine leere Toilettenpapierrolle auszutauschen! Wenn ich die Zeit, in der ich dich bedienen soll, dazu nutzen könnte, um Sport zu machen, hätte ich auch eine *tolle* Figur.«

»Deine Figur ist toll!«, beteuert Jochen. »Supertoll!«

»Weshalb hast du dich dann in deiner Erklärung auf *sie* bezogen?«, fragt Moni und ergreift ihre Handtasche. »Ich habe Kopfweh.«

»Ich könnte dir eine Tablette holen«, bietet der Mann hilfsbereit an.

»Nein, danke«, lehnt Moni ab. »Gerade möchte ich nur noch nach Hause. Besonders nach diesem Tiefschlag, den du mir versetzt hast«, wendet sie sich anklagend an Jochen. Dieser hebt besänftigend die Hände. »Aber das war doch nicht …«

»Spar dir die Rechtfertigung!«, zischt Moni wutentbrannt. Sie sieht aus, als wäre sie kurz davor, in Tränen auszubrechen. »Ich habe schon verstanden, was du mir damit sagen willst.«

»Sei doch nicht so empfindlich!«, kritisiert Jochen. »Du übertreibst maßlos.«

»War klar, dass du das so siehst«, gibt Moni kurz angebunden zurück. »Du bist so sensibel wie ein Sack Kartoffeln!«

»Aber …«, setzt Jochen an.

»Ist jetzt egal«, unterbricht ihn Moni. »Lass uns gehen.«

Während wir sie zur Haustür geleiten, dreht sie sich zu mir um.

»Ekelhaft, dass du dich so herausputzt, um anderen ihre Unzulänglichkeit vor Augen zu führen«, faucht sie. Ich blicke irritiert an meinem Oversized-Pulli und den Jeggins herab, halte es aber für besser, nichts darauf zu erwidern.

»Tut mir leid«, murmelt Jochen peinlich berührt, während Moni bereits zum Auto läuft. »Vielen Dank für die Einladung.«

Wenige Minuten später sind die beiden verschwunden.

»Meinst du, sie werden noch mal zu einem Spieleabend kommen?«, fragt der Mann gespielt unschuldig, nachdem wir uns von dem unverhofften Abgang erholt haben.

»Das bezweifle ich«, erwidere ich ernst, woraufhin wir in schallendes Gelächter ausbrechen und uns auf den nächsten Besuch unserer *normalen* Freunde freuen.

Erste Hilfe

Fünf Strategien, um unliebsamen Besuch loszuwerden.

1. Die »In der Grundschule gibt es Läuse«-Taktik

Im Vorfeld sollten Sie unbedingt eines Ihrer Kinder ins Boot holen, das Ihre Inszenierung mit einem Gastauftritt unterstützt.

Folgendes Vorgehen hat sich bewährt:

Setzen Sie sich so dicht wie möglich neben Ihren Besuch. Erzählen Sie dabei eine möglichst spannende Geschichte, sodass den Gästen Ihre Annäherung nicht sofort auffällt.

Kratzen Sie sich dabei immer wieder auffällig am Kopf, bringen Sie aber nicht die Sprache darauf.

Nachdem Sie sicher sind, dass der Besuch Ihr befremdliches Verhalten wahrgenommen hat, ist es Zeit für den großen Auftritt Ihres Komplizen.

Lassen Sie Ihr Kind einmal durchs Wohnzimmer laufen und sich hektisch am Kopf kratzen.

Sie: »Alles in Ordnung?«
Kind: »Mein Kopf juckt.«
Sie: »Hm.«
Kind: »Hast du den Elternbrief gesehen? In meiner Klasse gibt es Läuse. Louisa, meine Banknachbarin, hat auch welche. Und ich habe gestern deine Bürste benutzt.«

2. Die »Wir sind alle Psychos«-Taktik

Auch diese Strategie funktioniert nur mit der Unterstützung Ihrer Familie. Am besten engagieren Sie zusätzlich ein paar

Freunde. Das mag nach hohem Aufwand klingen, aber es lohnt sich. Seien Sie versichert, dass sich die so empfangenen Gäste nur unter Zwang erneut in Ihr Haus begeben werden.

Zur Vorbereitung sollten Sie einige Horrorfilm-Klassiker anschauen, um sich inspirieren zu lassen. Ihrer Fantasie sind keine Grenzen gesetzt.

Ein mögliches Horrorszenario in Ihrem Haus könnte so aussehen:

Bereits beim Eintreten des Besuchs läuft der Fernseher. Winken Sie Ihre Gäste zu sich ins Wohnzimmer, wo auf dem Bildschirm gerade eine scheinbare Störung kombiniert mit befremdlichen Lauten zu sehen ist.

Sie: »Oh Gott. Wieso seid ihr nur reingekommen? Wer das sieht, dem wird innerhalb der nächsten vierundzwanzig Stunden ein Unglück passieren!«

Jetzt ist der große Auftritt Ihrer Tochter gekommen. Sie erscheint röchelnd und knurrend am Treppenabsatz und schlurft nun langsam und mit ausgestreckten Armen die Treppe hinunter.

Sollte Ihr Besuch noch nicht freiwillig das Weite suchen, ermuntern Sie ihn mit einem hysterischen »Lauft, solange ihr noch könnt!«.

Tipp: Das ist *die* Gelegenheit, Ihren Lieblingshorrorfilm auf Ihre eigene Art und Weise zu interpretieren. Friedhof der Kuscheltiere? Der Exorzist? Tanz der Teufel? ES? Kein Problem! Hier unten fliegen wir alle.

3. Die »*Ein geheimnisvoller Telefonanruf*«-Taktik

Fordern Sie eine Freundin auf, Sie etwa eine Viertelstunde nach Erscheinen Ihres Besuchs auf dem Festnetz anzurufen. Was sie sagt, ist völlig egal, es geht lediglich um Ihre Reaktion.

Sie: »Hey, ich kann nicht lange sprechen. Gute Freunde sind gerade da … Ja, kurz geht. Schieß los. *(Pause)* Was? … Was??? … Oh mein Gott. Das tut mir leid. … Ja. Tut mir echt total leid … Ich verstehe, dass du am Ende bist. Kann ich etwas tun? *(Pause)* Ja. Natürlich. Ich komme sofort.« *(Legen Sie auf und werfen Sie Ihrem Besuch einen verschwörerischen Blick zu.)*

Sie: »Es tut mir echt leid, aber ich muss los. Saskias Papagei ist gerade entflogen, und sie ist völlig aufgelöst. Ihr geht es echt gar nicht gut, ich muss dringend nach ihr sehen.«

4. Die »Wir haben jetzt Sex auf dem Küchentisch«-Taktik

Für diese Strategie brauchen Sie die tatkräftige Unterstützung Ihres Ehemannes.

Beginnen Sie harmlos mit ein paar scheinbar zufälligen Berührungen gerade dann, wenn der Besuch in Ihre Richtung schaut. Steigern Sie dann langsam Frequenz und Intensität, bis Sie irgendwann wild knutschend in einer Zimmerecke stehen. Bewegen Sie sich nun langsam zu einem Möbelstück Ihrer Wahl, vorzugsweise ein Esstisch, und lassen sie sich rückwärts darauf fallen, während Sie Ihren Mann hinter sich herziehen.

Sollten die Gäste noch immer anwesend sein und Sie fassungslos anstarren, fragen Sie, ob sie mitmachen wollen. Das dürfte genügen, um sie zu einer kopflosen Flucht zu animieren. Hoffentlich.

5. Die Hausführungstaktik

Geben Sie Ihrem Besuch eine Führung durch das Haus und beenden Sie diese im Flur mit den Worten: »Das ist unsere Haustür. Und als Nächstes seht ihr, wie sie von außen ausschaut.«

Mein Geheimtipp: White Russian

Meinem Besuch serviere ich gerne einen White Russian nach meinem leicht abgewandelten Lieblingsrezept.

Zutaten (für 1 Person)
2 cl Wodka
2 cl Kahlua
4 cl fettarme, laktosefreie Milch (im Original Sahne)

Zubereitung
Variante 1:
Wodka und Kahlua vermischen.
Milch über einen Löffelrücken hineingeben.

Variante 2:
Alle Zutaten direkt shaken oder mit einem Löffel verrühren.
Big Lebowsky trinkt seinen White Russian sicherlich mit Sahne, aber er ist weder laktoseintolerant noch eine Frau, die auf ihre *tolle Figur* achten will.

13

Ein eigenes Haustier oder: »Du könntest Urzeitkrebse züchten«

»Mama, ich will ein Haustier.«

Ich erstarre in der Bewegung, den Suppenlöffel auf halbem Weg zum Mund. Heute ist es also wieder mal so weit. Das Thema war schon viel zu lange vom Tisch. Viel zu lange war es still. Fast hätte ich mich komplett der trügerischen Sicherheit hingegeben, dass alle Kinder dem gefährlichen und haustieranfälligen Alter entwachsen wären.

Gespielt irritiert mustere ich meinen Jüngsten. »Aber wir haben doch einen Hund.«

Die wilde Hoffnung, dass er unseren geliebten Vierbeiner lediglich vergessen hat, erfüllt sich natürlich nicht.

»Ja, und der ist auch toll«, räumt er ein. »Aber der gehört der Familie, nicht mir alleine. Ich möchte ein *eigenes* Haustier. Eins, das nur mir gehört und um das ich mich kümmern kann.«

»Du könntest häufiger mit dem Hund rausgehen und dich um ihn kümmern. Er würde sich freuen«, biete ich großzügig an, ahne jedoch, dass dieser Vorschlag wenig Gegenliebe finden wird.

Der Kleine stößt einen tiefen Seufzer aus. »Mama«, stöhnt er. »Das ist nicht dasselbe. Das weißt du genau.«

»Wenn er ein Tier kriegt, bekomme ich auch mein bretonisches Zwergschaf!«, kräht die Mittlere von der Seite.

»Dein *was?*«, fragt der Mann verstört, während ich den Kopf in den Händen vergrabe.

»Bretonische Zwergschafe sind klein, aber relativ hochbeinig. Außerdem haben sie lange Wolle mit ziemlich dichter Unterwolle«, informiert ihn die Mittlere würdevoll, doch ihre Augen funkeln vor Begeisterung. »Sie sind flauschig und meistens schwarz. Ist das nicht süß?«

Die Größte schnaubt.

»Ein Schaf!«, wiederholt sie abfällig. »Brauchst du Gesellschaft auf Augenhöhe oder wie?«

Die Mittlere ist dermaßen in ihrer Schwärmerei gefangen, dass sie sogar die Stichelei ihrer großen Schwester ignoriert. »Überlegt mal, wie toll das wäre! Die sind so niedlich! Und sie fressen Gras! Der Rasen müsste nicht mehr gemäht werden. Meine Freundinnen wären total begeistert, wenn wir zwei Schafe im Garten hätten.«

Ich rühre geistesabwesend in der Suppe. Innerhalb weniger Sekunden hat sich das Einzelschaf zu einem Paar vermehrt. Nach weiteren fünf Minuten wird sie vermutlich eine ganze Herde fordern.

»Moment«, unterbricht der Kleine. »*Ich* hatte die Idee mit einem Haustier! Und ich will kein blödes Schaf. Ich hätte gerne eine Schlange. Oder eine Vogelspinne.«

Ich unterdrücke ein hysterisches Lachen. Es reicht, dass regelmäßig achtbeinige Monstrositäten aus dem Keller emporgekrochen kommen und dabei alle in Angst und Schrecken versetzen. Na gut. Und dabei *mich* in Angst und Schrecken versetzen. Ich habe bereits versucht, den Hund darauf anzusetzen, doch statt sie in die Flucht zu schlagen, begrüßt er sie mit einem freundlichen »Wuff« und wedelndem Schwanz.

Die Große scheint meine Gedanken gelesen zu haben. »Eine Spinne brauchst du nicht extra zu kaufen. Davon gibt's genug im Keller und in der Gartenhütte. Sogar richtig große Exemplare! Du könntest der Spinnenbeauftragte der Familie werden«, redet sie ihm gut zu, woraufhin mich tiefe Dankbarkeit erfüllt. »Wann immer wir bedroht werden – du rettest uns.«

»Nee«, winkt der Kleine ab. »Spinnen sind eklig. Nur Vogelspinnen sind cool.«

»Keine Vogelspinne!«, lege ich fest. »Und auch keine Schlange«, schiebe ich hinterher, als der Jüngste hoffnungsvoll den Mund öffnet.

»Aber das ist unfair«, meldet sich die Mittlere. »Ihr habt euch einen Hund gewünscht und ihn euch gekauft. Und ein breto…«

»Schluss jetzt«, fordere ich vehement. »Keine Schlangen. Keine Spinnen und auch keine bretonischen Zwergschafe. Jetzt esst in Ruhe.«

Für einige Minuten löffeln wir schweigend vor uns hin.

»Du könntest Urzeitkrebse züchten«, schlägt die Große aus heiterem Himmel vor und ignoriert den mörderischen Blick, den ich auf sie abfeuere. Gerade noch erfüllte mich grenzenlose Dankbarkeit für ihre Unterstützung in Sachen Spinnen. Jetzt ist es eher grenzenloser Unmut. In meinem jugendlichen Leichtsinn hatte ich angenommen, die Haustierklippe dieses Mal umschifft zu haben. Ein Irrtum, wie ich feststellen muss, als ich in die leuchtenden Augen des Jüngsten sehe.

»Urzeitkrebse!«, wiederholt er andächtig. »Oh ja. Das wäre cool.«

Direkt am nächsten Tag bietet sich die Möglichkeit, unsere neuen Mitbewohner in ihr neues Heim zu überführen. Nach einer längeren Diskussion mit den Kindern mussten der Mann und ich schmerzvoll erkennen, wie schwer es ist, gegen plötzlichen Geschwisterzusammenhalt anzukommen.

»Man lernt verantwortungsbewussten Umgang mit Lebewesen. » (Die Große) »Die machen weniger Arbeit als ein bretonisches Zwergschaf.« (Die Mittlere) »Ach bitte! Kommt schon! Dann räum ich auch sofort mein Zimmer auf!« (Der Jüngste)

In schönster Eintracht mache ich mich also mit der Mittleren und dem Jüngsten auf zum ortsansässigen Zoogeschäft. Dort muss ich nicht nur einem äußerst liebesbedürftig aussehenden Kaninchen mit langen Schlappohren und einem wuscheligen Meerschwein, das sogar an der Scheibe Männchen macht, widerstehen, sondern zusätzlich feststellen, dass die ersehnten Urzeitkrebse nicht im Fachhandel, sondern im Spielzeugladen verkauft werden. Unter Aufbietung sämtlicher Überzeugungskraft reiße ich die Kinder von den niedlichen Tierchen los und verfrachte sie wieder ins Auto.

Kurze Zeit darauf stehen wir vor dem Geschäft unseres Vertrauens. Mit dem Übertreten der Schwelle verwandelt sich die Mittlere wieder in ein Kindergartenkind. Nach Monchichis, Furbys und Tamagotchis sind jetzt ominöse gurrende Hühnerpapageien angesagt, die man zuerst ausbrüten muss, bevor sie einem mit angeblich bezaubernden Geräuschen auf die Nerven fallen.

Ein Hinweis darauf, dass die Adoption eines solchen Hühnerpapageis den Besitz eines eigenen Handys ausschließt, lässt die Begeisterung der Mittleren direkt schwinden. So kehren wir den plüschigen Versuchungen den Rücken, wobei ich zugeben muss, dass sie tatsächlich putzig sind. Vielleicht kaufe ich mir heimlich einen.

Der Jüngste hat währenddessen mehrere Packungen verschiedener Größe vor sich aufgereiht und mustert sie skeptisch.

»Urzeitkrebse? Oder lieber Salzkrebse?«, überlegt er. »Oder sind Salzkrebse Urzeitkrebse?«

»Gibt's da überhaupt einen Unterschied?«, fragt die Mittlere.

»*Urzeitkrebs* ist lediglich ein Überbegriff«, informiert ein hilfsbereiter Mitarbeiter, der in der zuvor besuchten Zoohandlung vermutlich besser aufgehoben wäre. »Die Triops sind eine Unterart. Sie benötigen Süßwasser. Salzkrebse brauchen, wie der Name schon sagt, Salzwasser. Außerdem gibt es Muschelschaler und Feenkrebse, aber die sind nicht so populär.«

Der Kleine nickt nachdenklich.

»Und wozu würden Sie uns raten?«, erkundige ich mich.

»Das hängt davon ab«, beginnt der Verkäufer. Es ist offensichtlich, dass er sich sehr über die Gelegenheit freut, sein Fachwissen an den Mann zu bringen.

Ich unterdrücke ein Seufzen und mache mich auf einen längeren Vortrag gefasst. Innerhalb der nächsten Minuten bemühe ich mich, reges Interesse vorzutäuschen, während ich in Gedanken den Einkaufszettel fürs Abendessen durchgehe. Heute werde ich mein leckeres Tofu-Curry machen, aber das nutzt mir in der aktuellen Situation leider nicht das Geringste. Wobei, eine gewisse Vorfreude ist schon vorhanden.

»… und deshalb haben beide Arten Vor- und Nachteile«, schließt der Mitarbeiter zufrieden. Der Jüngste hat dem Vortrag mit leuchtenden Augen gelauscht.

»Kannibalismus«, sagt er und klingt dabei deutlich erfreuter, als bei diesem Wort angemessen wäre. Mir muss eine wesentliche Information entgangen sein. »Wir sollten Triops holen.«

»Also die Salzwasserkrebse«, bekräftige ich in der Hoffnung, richtigzuliegen.

Der Mitarbeiter, die Mittlere und der Jüngste mustern mich stirnrunzelnd, woraufhin ich verlegen lächle.

»Kleine Verwechslung«, murmle ich kleinlaut. »Süßwasser meinte ich.«

Mist. Eine fünfzigprozentige Trefferchance, und ich haue natürlich daneben.

»Pass auf, dass sie dir nicht aus Versehen Kochsalz ins Wasser kippt und damit die Triops killt«, sagt der Mitarbeiter grinsend und gibt dem Jüngsten einen kumpelhaften Stoß in die Seite.

Dieser zieht die Augenbrauen zusammen. »Mama würde so etwas nicht passieren. Sie ist nämlich ziemlich schlau«, entgegnet er, während die Mittlere zustimmend nickt. Umgehend werde ich von Stolz durchflutet. Teilweise sind sie unmöglich, aber wenn mich jemand attackiert, ergreifen sie sofort Partei für mich. Tolle Kinder!

Als wir endlich im Auto sitzen, hält der Jüngste die Packung fest an sich gedrückt und lächelt glücklich.

»Ich habe mich darüber gefreut, dass du im Geschäft so etwas Nettes über mich gesagt hast«, gebe ich zu, noch immer von Dankbarkeit erfüllt.

»Schon okay«, erwidert er. »Die Triops waren noch nicht bezahlt, und ich wollte kein Risiko eingehen.«

Zu Hause angekommen, erhält die gute Stimmung einen empfindlichen Dämpfer. Der Jüngste steckt voller Tatendrang, allerdings ist im ganzen Haus kein destilliertes Wasser zu finden. Mangels Alternativen kochen wir die nötige Menge mit dem Wasserkocher ab. Das hat den Vorteil, dass ich nach den gerade getätigten Einkäufen nicht erneut zum Supermarkt aufbrechen muss. Der Nachteil ist allerdings, dass das Wasser zuerst abkühlen muss, bevor es in die instabile Plastikschale, die auf der Verpackung optimistisch als *Aquarium* bezeichnet wird, gefüllt werden kann.

Erst am nächsten Morgen hat das Wasser die gewünschte Temperatur, um die armen Triops nicht umgehend zu ermorden, bevor sie überhaupt geschlüpft sind.

Gespannt versammeln wir uns alle um die Plastikschale. Der Jüngste faltet die Anleitung auseinander, liest einige Zeilen und stößt einen enttäuschten Seufzer aus.

»Jetzt muss für vierundzwanzig Stunden der Conditioner rein.«

Conditioner? Kenne ich nur von der Haarpflege.

Offenbar zeichnet sich Unverständnis auf meinen Zügen ab, denn der Jüngste lächelt. »Der ist für perfekte Wasserwerte«, erklärt er in meine Richtung, während er einen kleinen Teebeutel in das Becken hängt. Scheint eine echte Wissenschaft für sich zu sein, diese Urzeitkrebszucht.

Im Verlauf des Tages umkreist der Jüngste immer wieder das *Aquarium* und bedenkt es mit beschwörenden Blicken, als könnte der Conditioner dadurch schneller seine Wirkung entfalten.

Nachdem die benötigten 24 Stunden vergangen sind, treffen sich alle erneut am Behälter, der zum neuen Familienmittelpunkt geworden ist.

Vorsichtig nimmt der Jüngste den Teebeutel aus dem Wasser. Dann öffnet er eine schmale Tüte und gibt eine Löffelspitze einer undefinierbaren Mischung ins Wasser.

»Und jetzt?«, frage ich.

»Wann schlüpfen sie?«, will die Mittlere wissen.

»Das dauert mindestens zwei Tage«, enthüllt der Jüngste schulterzuckend.

Enttäuscht verlässt die Familie den Ort des Geschehens.

Drei Tage später kommt der Kleine aufgeregt in die Küche gestürmt.

»Sie sind da! Sie sind da!«

Da ich die Erinnerung an die Zuchtstation in seinem Zimmer erfolgreich verdrängt hatte, brauche ich einige Sekunden, um zu verstehen, wovon er spricht. Ah. Die Urzeitkrebse.

Schnell folge ich ihm in sein Zimmer und betrachte die mittlerweile etwas trübe gewordene Brühe. Argh.

»Siehst du?«, juchzt er und hüpft begeistert von einem Fuß auf den anderen.

Mit zusammengekniffenen Augen starre ich auf das grünliche Wasser. Mit viel gutem Willen kann ich tatsächlich einen etwa sandkorngroßen Punkt erkennen, der sich vielleicht bewegt. Das muss wohl ein Urzeitkrebs sein. Der totale Wahnsinn.

»Toll!«, sage ich zum Jüngsten. »Dann hast du ja alles richtig gemacht.«

Mein Sohn nickt begeistert. »Ich kann's kaum erwarten, dass sie größer werden. Die sind so cool!«

Nachdem zuerst alle Familienmitglieder und anschließend sämtliche Freunde die Schmutzpartikel bewundern durften, wird es still um die Triops.

Erst ungefähr zwei Wochen später werden sie wieder zum Thema. Zumindest kurzzeitig.

Der Jüngste erscheint neben mir und streichelt meinen Arm.

»Mama?«, beginnt er. »Ich habe nachgedacht. Du hattest recht.«

Im Prinzip habe ich gerne recht, aber das hier riecht nach einer Falle. Nicht zu früh freuen.

»Ja?«, frage ich vorsichtig.

»Es ist tatsächlich ziemlich aufwendig, ein Haustier zu pflegen«, gibt er zu. »Irgendwie habe ich gar keine Zeit mehr für etwas anderes. Können wir die Triops zu dir stellen? Du wolltest sie ja auch haben …«

Erste Hilfe

Fünf Aussagen, die Ihre Kinder garantiert vom Wunsch nach einem Haustier abbringen.

1. Im Flur ist zu wenig Platz. Das Katzenklo muss in dein Zimmer. Und wenn es da schon steht, kannst du dich ja generell darum kümmern.
2. Oh ja! Häschen sind doppelt praktisch! Zuerst ziehen wir sie auf, und dann können wir sie essen. Lass uns direkt eins aussuchen, dann ist es zu Ostern sicher schon dick genug.
3. Du zahlst das Futter von deinem Taschengeld. Dann wird zwar nicht so schnell eine eigene Playstation drin sein, aber du investierst das Geld ja in etwas Sinnvolles.
4. Klar. Wir können darüber reden, wenn du drei Monate lang die Haufen des Familienhundes weggemacht und so bewiesen hast, dass du bereit bist für ein weiteres Tier.
5. Eine Katze? Gute Idee! Die bringt dir halbe Mäuse, die du für den Biologieunterricht nutzen kannst. Und die Rotkehlchen, die immer auf der Terrasse rumhüpfen, nerven mich sowieso mit ihrem Gezwitscher.

Mein Geheimtipp: Tofu-Curry mit Kokosmilch

Es muss nicht immer Fleisch sein. Entsprechend zubereitet, ist Tofu unfassbar lecker und bringt zudem Abwechslung in die Ernährung.

Zutaten

2 EL Öl
1 gehackte Zwiebel
1 El Currypaste
375 ml Kokosmilch
250 ml Apfelsaft
2 Süßkartoffeln
200 g Blumenkohl
½ rote Paprika, in Streifen geschnitten
10 Baby-Maiskolben, längst halbiert
15 g fein gehacktes Basilikum
2 EL Fischsauce
1 EL Limettensaft
2 TL brauner Zucker
1 Dose Lichees
Cashewkerne

Zubereitung

Zunächst das Öl sowie Zwiebel und Currypaste in einem Wok anbraten. Dann die Kokosmilch und den Apfelsaft hinzugeben, ca. 5 Minuten köcheln lassen. Die Süßkartoffeln sowie den Blumenkohl dazugeben und nochmals 5 Minuten köcheln lassen. Paprika und Mais unterrühren und so lange kochen lassen, bis das Gemüse bissfest ist. Die restlichen Zutaten untermischen, nach Geschmack etwas salzen und mit Basmatireis servieren. Cashewkerne anbraten und über das Gericht verteilen.

14

Ein gemütlicher Fernsehabend oder: »Die Kinder waren völlig problemlos«

»Heute war's unglaublich anstrengend auf der Arbeit. Ich musste haufenweise unangenehme Telefonate führen, eines schlimmer als das andere.« Der Mann reibt sich müde die Augen und lässt sich auf die Couch fallen. Nur Sekundenbruchteile später springt er mit einem Jaulen wieder auf. Gleichzeitig biegt der erfreut hechelnde Hund um die Ecke, der den unterdrückten Schrei als Aufforderung zum Spiel missverstanden hat.

Der Mann reibt sich den Rücken und mustert finster die Couch. Ein beherzter Griff, und er hält den Übeltäter in der Hand.

»Meine Heißklebepistole«, sagt er irritiert, woraufhin der Hund ein bestätigendes »Wuff« ertönen lässt.

»Wieso liegt meine Heißklebepistole auf unserem Sofa?«, wendet er sich an mich.

»Frag deine jüngere Tochter«, antworte ich schulterzuckend. »Die hatte sie sich zum Basteln ausgeliehen.«

»Klar«, erwidert der Mann, legt die Heißklebepistole auf den Tisch und lässt sich erneut auf die Couch fallen. »Was sonst.«

»Sie arbeitet an deinem Geburtstagsgeschenk«, erkläre ich. »Mehr darf ich nicht verraten.«

Der Mann lächelt. »Immerhin weiß ich, dass dafür eine Heißklebepistole nötig ist«, stellt er fest und greift in die Couchritze hinter sich. »Und dass auch bunte Scherben eine Rolle spielen. Was ist das? Ton?«

Schnell nehme ich ihm das Fragment aus der Hand. »Du hast nichts gesehen. Das wird eine Überraschung!«

Der Mann lehnt sich entspannt zurück. »Wenn keine weiteren Fallen auf mich lauern, könnten wir mit unserem gemütlichen Abend starten.«

Mit einem Grinsen reiche ich ihm die Karte unseres bevorzugten Lieferdienstes. »Pizza?«

Der Mann macht eine abwehrende Handbewegung. »Ich muss gar nicht reinschauen. Ich freue mich schon den ganzen Tag auf eine Lasagne. Und auf die Mascarpone-Baiser-Creme, die du mir versprochen hast. Gibt's die heute wirklich?«

»Wartet schon im Kühlschrank«, bestätige ich.

Während ich die Bestellung aufgebe, holt der Mann zwei Gläser und eine Flasche Weißwein aus der Küche.

»Morgen endlich mal keine Dreharbeiten«, seufze ich zufrieden. »Da kann ich mit gutem Gewissen ein Gläschen trinken. Oder zwei.«

Der Mann öffnet die Flasche und füllt unsere Gläser. Genießerisch rieche ich an der klaren Flüssigkeit, die einen fruchtig-würzigen Geruch verströmt.

Der Mann legt einen Arm um mich und prostet mir zu. »Auf einen gemütlichen Abend in absolutem Frieden. Das Einzige, was ich heute noch zu tun bereit bin, ist das Anschalten des Fernsehers.«

»Was für ein Glück, dass wir eine Fernbedienung besitzen«, necke ich ihn. »Ansonsten wäre diese Anstrengung wirklich unmenschlich.«

»Hat mit den Kindern alles geklappt?«, erkundigt sich der Mann. Normalerweise machen wir die Abendrunde gemeinsam und bringen jeden unserer Sprösslinge mit einem Gute-Nacht-Kuss ins Bett. (Mit Ausnahme der Großen, die – Zitat – »dieses Geknutsche echt eklig« findet. Ab und zu mag sie es doch, aber das zu erwähnen wäre hier zu peinlich.)

»Die Kinder waren völlig problemlos«, entgegne ich stolz. »Vielleicht habe ich sogar einen neuen Rekord aufgestellt. Die Große hat ja ihre Freundin da. Die beiden haben gegen 19 Uhr die Küche geplündert und sind dann nach oben verschwunden. Ich denke nicht, dass wir sie heute noch mal zu Gesicht kriegen. Die Mittlere liest noch ein paar Seiten in ihrem Harry Potter und hat versprochen, dann selbstständig das Licht auszumachen, und der Kleine schläft vermutlich schon. Er war völlig fertig vom Fußballtraining.«

»Super«, freut sich der Mann. »Dann liegt tatsächlich ein freier Abend vor uns.« Er streckt sich nach der Fernbedienung. »Wonach steht dir der Sinn?«

Kurz darauf haben wir uns auf einen Film geeinigt. Während der Vorspann läuft, kuschle ich mich an den Mann. Ich liebe Psychothriller, denn die Gelegenheit, sich bei unheimlichen Szenen schutzsuchend anzuschmiegen, macht dieses Genre ziemlich attraktiv. Schon nach wenigen Minuten mehr oder weniger anspruchsvoller Handlung wird die Musik zu einem bedrohlichen Summen. Nervös beobachte ich die junge Frau, die, begleitet von düsteren Streicherklängen, eine dunkle Straße entlangläuft. Der Kameraführung, die immer wieder einen dunklen Schatten ins Zentrum des Bildes rückt, kann ich entnehmen, dass die Arme ihren nächtlichen Spaziergang vermutlich nicht lebend überstehen wird. Als die instrumentale Untermalung zu einer schrillen Kakophonie anschwillt, höre ich hinter mir ein Knistern. Der Mörder! Er ist hier in unserem Haus! Ruckartig drehe ich den Kopf und kann nur mit Mühe einen Schrei unterdrücken. Im Türrahmen zwischen Wohnzimmer und Flur steht tatsächlich eine gedrungene Gestalt.

Eine Gestalt in einem blauen Schlafanzug.

»Mama?«, sagt der Jüngste. »Alles klar?« Interessiert reckt

er den Hals, um einen Blick auf den Fernseher zu erhaschen, wo die dunkle Gestalt gerade ein blitzendes Messer zieht. »Was guckt ihr denn da?«

Der Mann und ich reagieren fast gleichzeitig. Während er aufspringt und die brutale Szene vor den Augen des Jüngsten abschirmt, ergreife ich die Fernbedienung und unterbreche den Film. Das war knapp. Fast hätte unser Jüngster einen blutrünstigen Mord mit ansehen müssen. Eine schonungslose Gewaltdarstellung, die in seinem zarten Alter verheerend wäre.

»Der wollte ihr bestimmt die Kehle durchschneiden. Hat man an der Haltung des Messers gesehen«, bemerkt der Jüngste, woraufhin ich ihn ungläubig anstarre. Mir war nicht bewusst, dass er sich in der Hinsicht so gut auskennt. Vermutlich versetzt mich der Thriller in größere Panik als ihn. Ich seufze.

»Was ist denn?«, fragt der Mann.

»Ich habe Durst«, verkündet der Jüngste, wendet dabei jedoch den Blick nicht vom Fernseher ab.

»Durst«, wiederholte ich skeptisch. »Du hast doch deine Flasche am Bett.«

»Das schon«, räumt er ein, »aber mein Wasser ist fast leer. Und da wollte ich mir in der Küche Sprudel nachfüllen. Der schmeckt viel besser.«

»Okay.«

»Gut«, erwidert der Jüngste.

»Hast du denn deine Flasche schon gefüllt?«, erkundigt sich der Mann.

»Ja«, antwortet der Jüngste. Es ist offensichtlich, dass er nicht die geringsten Ambitionen hat, ins Bett zu gehen. Stattdessen bedenkt er den freien Platz auf der Couch mit einem sehnsuchtsvollen Blick.

»Gute Nacht«, sagt der Mann freundlich, aber bestimmt.

»Das ist unfair«, schimpft der Kleine. »Ihr dürft solange aufbleiben, wie ihr wollt. Und dann auch noch fernsehen, obwohl Mama viel mehr Angst hat als ich!«

»Gute Nacht!«, sagt der Mann erneut. Dieses Mal etwas weniger freundlich, dafür umso bestimmter.

Der Kleine stößt einen tiefen Seufzer aus, macht sich dann aber gehorsam auf den Weg in sein Zimmer.

»Gute Nacht«, murmelt er über die Schulter.

Wir blicken ihm hinterher, bis er im oberen Stockwerk verschwunden ist.

»Weiter geht's«, motiviert uns der Mann. »Wo waren wir?«

»Vermutlich wird der blonden Frau gleich die Kehle durchgeschnitten«, wiederhole ich die Prognose des Jüngsten.

Der Mann drückt auf die Fernbedienung, und schon wenige Sekunden später zeigt sich, dass mein kleiner Sohn mit seiner Einschätzung richtig lag.

»Ganz schön blutig«, bemerke ich unbehaglich. »Hoffentlich kommt langsam mal die Handlung in Gang. Wenn das nur sinnloses Geschnetzel ist, das man als Thriller getarnt hat, bin ich raus.«

Nach einer Viertelstunde ist der Film tatsächlich dermaßen fesselnd, dass ich gebannt die Vorgänge um den Detektiv verfolge, der anscheinend eine übersinnliche Begabung hat. Als ein helles Läuten ertönt, brauche ich einen Moment, um mir klar darüber zu werden, dass das Geräusch nicht aus dem Fernseher, sondern von unserer Klingel stammt.

Während ich widerwillig den Blick vom Geschehen löse, ist der Mann schon aufgestanden und kehrt wenig später mit unserem Essen zurück.

»Sollen wir solange Pause machen?«, fragt er und deutet mit dem Kopf auf die Pappschachteln, die er ins Wohnzimmer balanciert und auf dem kleinen Couchtisch abgestellt hat.

»Viel zu spannend«, erwidere ich abgelenkt.

Der Mann lacht und wuschelt mir durch die Haare, ist aber so freundlich, mich mit Essen zu versorgen. Gerade will ich hingebungsvoll in meine Pizza beißen, da ertönt eine Stimme.

»Wer war das?«

Ächzend drehe ich mich um. Dieses Mal ist es die Mittlere, die im Türrahmen steht und interessiert das Geschehen mustert. Der Mann drückt auf den Pausenknopf.

»Der Lieferdienst«, erwidert er geduldig.

Die Mittlere blickt vom Fernseher zu meiner Pizza und wieder zurück.

»*Wir* dürfen nicht auf der Couch essen«, bemerkt sie. »Und sowieso nicht, wenn der Fernseher läuft.«

»Zu besonderen Anlässen durftet ihr auch schon vor dem Fernseher essen«, widerspreche ich.

»Und heute ist ein besonderer Anlass?«, hakt die Mittlere unschuldig nach. »Wieso denn?«

»Wir genießen einen gemütlichen Abend zu zweit«, erklärt der Mann und zieht eine Augenbraue hoch. »Zumindest versuchen wir das. Mit mehr oder minder großem Erfolg.«

»Ich bin irgendwie traurig«, verkündet die Mittlere zusammenhanglos, woraufhin ich kurz die Augen schließe. Immer ein offenes Ohr für die Probleme der Kinder haben, egal, wie unpassend es sein mag. Und gerade ist es *ziemlich* unpassend.

»Warum denn?«, frage ich mitfühlend.

»Ich habe mich heute in der Pause mit Simon gestritten«, berichtet die Mittlere. »Und dann meinte er, dass er es sich noch mal überlegt, ob ich zu seinem Geburtstag kommen darf.«

»Oh«, sage ich und überlege fieberhaft, wie ich sie trösten kann. Weshalb fallen den Kindern solche Themen immer dann ein, wenn sie eigentlich schlafen sollten? »Worum ging's denn?«

»Er wollte meine Turnschuhe klauen, da habe ich ihn geboxt«, gesteht sie. Obwohl ich die Reaktion meiner Tochter nachvollziehen kann, runzle ich pflichtschuldig die Stirn. »Gewalt ist keine Lösung«, verkünde ich. »Und deshalb ist er sauer auf dich?«

»Nö.« Die Mittlere schüttelt den Kopf. »Er wollte mich dann auch boxen. Dabei hat ihn Frau Kohler erwischt, deshalb musste er eine halbe Seite abschreiben.«

»Dumm gelaufen für ihn«, stelle ich fest und habe Mühe, mir ein Grinsen zu verkneifen. Selbst schuld, wenn er sich bei so etwas erwischen lässt. »Ich denke, das wird er dir morgen schon wieder verziehen haben.«

Die Mittlere nickt. »Das hoffe ich auch.«

»Dann kannst du ja jetzt ins Bett gehen«, meldet sich der Mann hoffnungsvoll von der Seite.

»Wieso liegt da die Klebepistole rum?«, fragt die Mittlere übergangslos. Im Zeitschinden ist sie wirklich geschickt.

»Weil du sie nicht weggeräumt hast?«, gebe ich zurück.

»Toll«, stößt sie mit einem dramatischen Zittern in der Stimme hervor. »Dann weiß Papa jetzt, was er zum Geburtstag bekommt. Die komplette Überraschung ist verdorben! Und ich habe mir doch so viel Mühe gegeben!«

»Ich habe keine Ahnung!«, protestiert der Mann. »Schließlich weiß ich nur, dass du Klebstoff benutzt hast.«

Zwischen den beiden entspinnt sich eine angeregte Diskussion über verräterische Indizien und mögliche Geschenke, während mir immer klarer wird, dass ich mir den begabten (und nebenbei bemerkt ziemlich gut aussehenden) Detektiv abschminken kann, wenn die Tochter nicht bald auf ihr Zimmer verschwindet.

»Mein Schatz«, beginne ich und blicke demonstrativ auf die Uhr. »Es ist jetzt wirklich Zeit fürs Bett.«

»Aber ihr …«, setzt sie an.

»Gute Nacht«, sagt der Mann freundlich, aber bestimmt. Ich habe ein Déjà-vu.

»Das ist unfair«, begehrt die Mittlere auf, woraufhin mein Déjà-vu ein beunruhigendes Ausmaß annimmt.

»Gute Nacht!«, sagt der Mann erneut, dieses Mal etwas weniger freundlich, dafür umso bestimmter. Die Mittlere verschwindet grummelnd nach oben, während ich leise lache.

»Was wirst du tun, wenn sie auch nach dem dritten *Gute Nacht* nicht reagieren?«, will ich scherzhaft wissen.

»Dann lasse ich sie stehen und gehe selbst ins Bett«, sagt der Mann und stimmt in mein Lachen ein.

Innerhalb der folgenden halben Stunde bleiben wir ungestört, sodass ich mich nicht nur völlig in die Handlung vertiefen, sondern auch meine Pizza bis auf einen kleinen Anstandsrest vertilgen kann.

Satt und zufrieden kuschle ich mich an den Mann. Im nächsten Moment klingelt es an der Tür. Irritiert sehe ich auf die Uhr. Es ist schon ziemlich spät. Wer kann das um diese Uhrzeit sein? Umgehend schießen mir zahlreiche Horrorfantasien durch den Kopf, die ihren Ursprung ganz offensichtlich in dem eben gesehenen Psychothriller haben.

Der Mann drückt auf den Knopf der Gegensprechanlage. »Ja?«

»Lieferdienst. Pizza.«

Wir tauschen einen beunruhigten Blick. Gleichzeitig erscheint unsere große Tochter auf der obersten Stufe. »Ah, unsere Pizza!«, sagt sie, geht am Mann vorbei und öffnet die Tür. Sie nimmt einen riesigen Karton entgegen, bezahlt und schickt sich an, wieder in ihrem Zimmer zu verschwinden.

»Ähm«, macht der Mann, woraufhin sich die Große zu ihm umdreht.

»Im Haus hat es so gut gerochen, da haben wir wieder

Hunger bekommen«, informiert sie uns. »Ich bin dann wieder oben.«

»Wenn ihr …«, setzt der Mann an.

»Gute Nacht«, sagt die Große freundlich, aber bestimmt.

Erste Hilfe

Fünf Storys, die Sie den Kindern auftischen können, damit diese auf jeden Fall in ihren Zimmern bleiben.

1. Die »Draußen ist 'ne Spinne«-Taktik

Diese Taktik spielt mit den Urängsten jedes Menschen. Was ist schlimmer als die Dunkelheit? Bedrohlicher als ein Fremder im Haus oder ein Monster unter dem Bett? Richtig. Eine Spinne.

Stellen Sie sich vor die Kinderzimmertür in den Flur und atmen Sie ein paarmal hektisch aus und ein, damit Ihre Stimme einen leicht hysterischen Unterton annimmt.

Sie: »Schatz?«

Kind: »Was ist?«

Sie: »Hier im Flur ...« *(Verstummen Sie panikerfüllt.)*

Kind: »Was ist im Flur?«

Sie: »Eine riesige schwarze Kellerspinne.«

Kind: »Mach sie weg!!!«

Sie: »Geht nicht! Zu groß! Das muss Papa nachher machen. Ich sag dir Bescheid, wenn sie weg ist.«

Kind *(eingeschüchtert)*: »Okay ...«

Sie: »Komm am besten nicht raus, sie sitzt echt genau über deiner Tür und sieht aus, als könnte sie jeden Moment runterfallen.«

2. Die »Heute Abend machen wir Klarschiff«-Taktik

Achten Sie darauf, die folgende Unterhaltung mit Ihrem Mann in Hörweite der Kinderzimmer zu führen.

Er: »Hier sieht's aus …«

Sie *(seufzend)*: »Stimmt. Ich bin die ganze Woche über zu nichts gekommen.«

Er: »Lass uns heute Abend mal richtig Klarschiff machen. Das ist echt nötig.«

Sie: »Allerdings. Dann können wir zusätzlich noch staubsaugen und wischen. Sollen wir uns auch die Fenster vornehmen?«

Er: »Klar. Wenn schon, dann richtig. Wir können ja mal schauen, ob eins der Kinder zufällig vorbeikommt und mithelfen will.«

3. Die »Liebesgesäusel«-Taktik

Kein Kind sieht es gerne, wenn die Eltern herumsäuseln wie ein verliebtes Teenager-Pärchen.

Machen Sie sich diesen Umstand zunutze!

Sie: »Hase, wollen wir zwei Hübschen heute einen Fernsehabend machen?«

Er: »Gerne, mein Mäuschen. Aber du suchst den Film aus.«

Sie: »Nein, du suchst aus, mein Schatz!«

Er: »Nein, du!«

Sie: »Awww, wie süß von dir! Weißt du was? Wir suchen gemeinsam aus. Ich zähle, und auf drei sagen wir einen Film.« *(»Rein zufällig« benennen Sie denselben vorher abgesprochenen Film und verfallen daraufhin in Verzückung.)*

Sollten Sätze fallen wie »Bäh, ihr seid so peinlich«, machen Sie weiter. Sie sind auf dem richtigen Weg und werden schon bald Ihren Erfolg feiern können. Zu zweit.

4. Die »Ungeliebter Verwandtschaftsbesuch«-Taktik

Für diese Strategie brauchen Sie einen Verbündeten, der zu einer abgesprochenen Zeit an der Tür klingelt.

Bereiten Sie alles für einen gemütlichen Abend vor, und planen Sie die Kinder ebenfalls mit ein – zumindest in der Theorie.

In der Praxis wird es irgendwann an der Tür klingeln. Lassen Sie den Mann öffnen, und achten Sie darauf, sich in diesem Moment in der Nähe der Treppe zu befinden.

Hechten Sie nun nach oben und klopfen Sie gedämpft an die Türen der Kinderzimmer.

Sie: »Es ist Tante Gerda! Sie hat nach euch gefragt. Bleibt am besten oben in euren Zimmern und tut, als wärt ihr nicht da. Ich decke euch!«

5. Die »Auflauern und Ausfragen«-Taktik

Hierbei brauchen Sie ein wenig Geduld. Rüsten Sie sich aus mit Getränken und Keksen und machen Sie es sich im Flur vor den Kinderzimmern richtig gemütlich.

Sobald eines der Kinder den Kopf aus dem Zimmer streckt, konfrontieren Sie es mit einer unangenehmen Frage. Früher oder später wird es niemand mehr wagen, den Raum zu verlassen. Sie müssen dann lediglich darauf achten, leise Ihre Position zu verlassen.

Folgende Fragen bieten sich an:

1. »Wer ist eigentlich dieser süße Typ, mit dem ich dich vor der Schule gesehen habe? Ist das dein Freund? Geht da was?
2. »Hast du deine Hausaufgaben fertig?«
3. »Ist dein Zimmer aufgeräumt?«
4. »Hast du den letzten Joghurt aus dem Schrank genommen?«

5. »Kannst du mir etwas über den Verbleib meines roten Lippenstifts sagen?«
6. »Übernimmst du morgen früh die Runde mit dem Hund?«

Wenn Sie Spaß an der Taktik haben, können Sie auch Ihren romantischen Abend in den Flur verlagern. So schlagen Sie zwei Fliegen mit einer Klappe.

Mein Geheimtipp: Mascarpone-Baiser-Creme

Falls zum Fernsehen doch die ganze Familie aufschlägt, überrasche ich sie mit einer leichten Köstlichkeit, die schnell geht und gut schmeckt.

Zutaten
500 g Mascarpone
Frischkäse und Quark nach Belieben
1 Becher Sahne
500 g Himbeeren
2 EL Rum
2 EL brauner Zucker

Zubereitung
Mascarpone, Frischkäse, Quark und vorher aufgeschlagene Sahne mit Rum und braunem Zucker verrühren und abschmecken. In Dessertgläser den Boden mit der Creme auffüllen und mit frischen Himbeeren belegen. Nun abwechselnd Creme und Beeren schichten. Auf jede Beerenschicht etwas braunen Zucker verteilen. Mit zerbröseltem Baiser bestreuen.

Tipp: Ich verwende gerne Tiefkühlfrüchte, denn dadurch bin ich nicht an das saisonale Obst gebunden. Zudem werden sie in der Regel sofort nach der Ernte oder Produktion schockgefrostet, wodurch wertvolle Vitamine und Mineralstoffe erhalten bleiben.

15

Der perfekte Kindergeburtstag oder: »Wann gibt's Kuchen?«

Heute ist der große Tag! Der Jüngste wird acht. Selbst wenn dieses Jahr der Herzenswunsch nicht erfüllt wird ...

(»Was wünschst du dir zum Geburtstag?«

»Ein Handy.«

»Das bekommst du, wenn du in die fünfte Klasse kommst. Darüber haben wir schon gesprochen. Mehrmals.«

»Aber du hast gefragt, was ich mir wünsche. Und ich wünsche mir ein Handy.«)

... haben wir in liebevoller Kleinarbeit eine spektakuläre Party geplant, die alles bisher Dagewesene in den Schatten stellt. Keine Ahnung, wie viele Stunden Vorbereitung letztendlich in diesem Programm stecken, doch ich bin mir sicher, dass es sich lohnen wird.

Wir beginnen mit lustigen Kreisspielen mit Eisbrecherfunktion, sodass es nicht lange dauern wird, bis sich alle Kinder wohlfühlen. Der Mann hat die Ideen im Lauf der letzten Tage im Internet zusammengesucht und ist dafür zuständig, sämtliche Aktionen zu erklären.

Anschließend haben wir eine Schatzsuche mit Verbrecherjagd geplant. Die Mittlere hat sich bereit erklärt, ihr darstellerisches Können unter Beweis zu stellen, indem sie eine vermisste Schmuckschatulle meldet, die von der Geburtstagsgesellschaft zurückerobert werden muss. Die Jagd nach dem Übeltäter wird die Meute dann durch unseren Ort und den angrenzenden Wald führen und in unserem Garten enden, wo die Helden von farbenfrohen Cocktails (alkoholfrei!) erwartet werden. Natürlich darf auch der epische Schatz nicht fehlen, den der Verbrecher in den letzten Jahren (unbemerkt in unserem Garten) angehäuft hat. Dafür durfte ich den gestrigen Abend damit verbringen, Süßigkeiten und diversen Kleinkram mit Gold- und Silberfolie zu bekleben. Ich habe sogar neonfarbene Knicklichter im Internet bestellt.

Der Jüngste durfte sämtliche Freunde einladen, sodass wir insgesamt mit fünfzehn Kindern rechnen.

Beim Brunch sitzen wir beisammen und genießen die Ruhe vor dem Sturm – zumindest wir Erwachsenen. Der Jüngste rutscht aufgeregt auf seinem Stuhl hin und her.

»Ach ja«, sagt er, während er eine Gabel Rührei mit viel Ketchup zum Mund balanciert. »Leon kommt heute auch.«

»Leon?«, wiederhole ich alarmiert und hoffe, dass er die Panik in meiner Stimme nicht erkennt. Leon ist der Klassenschläger und Albtraum jeglicher Partys. Außerdem habe ich nur fünfzehn Schatztüten gebastelt.

»Der sah so traurig aus, weil er keine Einladung gekriegt hatte. Da habe ich ihm gesagt, dass er kommen kann.«

»Das ist ja … nett von dir«, lobe ich matt, während ich in Gedanken durchgehe, welche Spiele akute Gefahren darstellen und wo sich unser Verbandsmaterial befindet. Vielleicht sollte ich den Erste-Hilfe-Kasten aus dem Auto ins Haus holen. Nur für alle Fälle. Oder wir disponieren um und entführen statt der Schmuckschatulle einfach Leon, natürlich stilecht mit Knebel und Handschellen? Wäre vermutlich am sichersten für alle Beteiligten.

»Mama?«, unterbricht die Große meine befriedigenden Vorstellungen. »Wieso grinst du denn so?«

Schnell setze ich eine neutrale Miene auf.

»Habt ihr schon überlegt, welche Eissorte ihr nachher möchtet?«, lenke ich ab, was unmittelbar dafür sorgt, dass eine lebhafte Diskussion entbrennt.

Gegen halb drei sind die letzten Vorbereitungen abgeschlossen. Alle Requisiten befinden sich in Stellung, die Schatztüten sind gefüllt und in der Gartenhütte versteckt. Glücklicherweise war die Füllung so ausreichend, dass ich aus jedem Give-away ein paar Teile entfernen konnte, um damit eine weitere Tüte zu füllen. Diese ist zwar nicht so liebevoll beklebt wie die anderen, aber immerhin war Leon gar nicht eingeladen.

Nun habe ich noch eine halbe Stunde, bis die Party beginnt. Zeit genug, damit sich der Mann und ich in Ruhe eine Tasse Kaffee gönnen können.

Gerade will ich den ersten Schluck nehmen, da klingelt es an der Tür. Irritiert blicke ich auf meine Armbanduhr. Die Party beginnt erst in gut zwanzig Minuten. Wer kann das jetzt schon …

»Hallo, Leon«, bringe ich mit einem Grinsen hervor, das vermutlich eher einem Zähnefletschen gleicht. »Du bist ja *früh*. Sind deine Eltern noch draußen?«

Leon murmelt etwas Unverständliches, was entweder eine Erklärung, eine Begrüßung oder auch eine Beleidigung sein könnte, und schiebt sich an mir vorbei ins Wohnzimmer.

Der Jüngste folgt ihm mit einem hilflosen Schulterzucken.

Leon dreht sich einmal im Kreis und beäugt die Dekoration. Dann scheint ihm einzufallen, weshalb er hier ist.

»Da«, murmelt er und hält dem Jüngsten eine Tüte Gummibärchen hin, um die eine Schleife gewickelt ist. »Dein Geschenk.«

»Oh, cool«, erwidert dieser, und ich bewundere sein schauspielerisches Talent. »Ich mag Gummibärchen. Danke, Leon!«

Leon hat sich bereits lustlos abgewendet und studiert stattdessen die Knabbersachen, die ich als Begrüßungssnacks auf den Tisch gestellt habe.

»Wann gibt's Kuchen?«, fragt er. »Salzstangen finde ich doof.«

»Wir warten noch auf die anderen«, erwidere ich bemüht freundlich. »Die Party beginnt ja erst um 15 Uhr.«

Der geschickt platzierte Seitenhieb prallt wirkungslos an Leon ab. Gleichgültig dreht er sich um und deutet in den Flur.

»Los«, fordert er den Jüngsten auf. »Wir gehen in dein Zimmer. Warten find ich doof.«

Um kurz nach drei sind alle Gäste eingetroffen, und nicht einmal eine halbe Stunde später sind nicht nur die Snacks, sondern auch der Großteil des Kuchens bis auf den letzten Krümel vertilgt worden. Besonders mein Käsekuchen nach Spezialrezept hat reißenden Absatz gefunden. Ich könnte allerdings schwören, Leon mit einer Handvoll Salzstangen gesehen zu haben, aber ganz sicher bin ich mir nicht.

Die Große hat währenddessen alle zuverlässig mit Nachschub versorgt und geduldig Unmengen an Kakao serviert.

Nicht zum ersten Mal bin ich fasziniert davon, wie viel Jungs in dem Alter essen können, ohne dass man ihnen auch nur das Geringste ansieht. Abgesehen von Leon, der einen Kopf größer und doppelt so breit ist wie die anderen. Vermutlich, weil er als Einziger fünf Muffins und zwei Stück Kuchen gegessen hat. Die *doofen* Salzstangen erwähne ich an dieser Stelle gar nicht.

Nachdem ich Teller und Tassen aus der Gefahrenzone entfernt habe, nicke ich der Mittleren zu. Die Show kann losgehen.

Mit einer ausholenden Geste greift sie neben sich ins Leere und erstarrt. Da nur zwei Gäste ihre Eröffnung bemerkt haben, stößt sie zusätzlich einen schrillen Schrei aus. Schlagartig kehrt Ruhe ein.

»Meine Schmuckschatulle!«, kreischt sie. »Ich hatte sie neben mich gestellt! Sie ist verschwunden!«

»Oh nein«, stoße ich verzweifelt hervor. »Wir brauchen eine

Gruppe Abenteurer, die die Herausforderung annimmt und die Kostbarkeiten zurückholt! Wer von euch hilft, den Verbrecher zu fassen? Eine hohe Belohnung ist auf sein Ergreifen ausgesetzt.«

Obwohl die Kinder wissen, dass es sich um den Auftakt zum Geländespiel handelt, springen sie aufgeregt auf – bis auf einen.

»Wie doof«, murrt Leon. Er macht eine abfällige Handbewegung und stößt dabei ein Glas um, das mit einem lauten Knall am Boden zerspringt. »In Wirklichkeit wurde gar nichts geklaut. Das ist nur der Aufhänger für ein blödes Spiel.«

Zum Glück reagieren die anderen Jungs nicht auf sein Gemaule und rennen stattdessen zur Terrassentür, um die ersten Hinweise zu prüfen. Hektisch wische ich die Pfütze auf und entferne die Scherben vom Fußboden, bevor sich der neugierige Hund daran verletzt.

Wenig später ist die ganze Horde lautstark nach draußen verschwunden.

Ich nutze die Gelegenheit, um zusammen mit der Großen die Überreste der Kuchenschlacht und die Riesenberge an Geschenkpapier zu beseitigen. Anschließend machen wir uns auf den Weg, um die Geburtstagsgesellschaft gemeinsam mit dem Mann und der Mittleren, die den wilden Haufen inzwischen in Gruppen aufgeteilt haben, bei der Verbrecherjagd zu unterstützen.

Etwa zwei Stunden später kehrt die gesamte Truppe mit leuchtenden Augen zurück.

»Wir mussten im Wald Spuren lesen!«, erzählt der Jüngste begeistert. »Und dann mussten wir eine Flasche aus dem See fischen.«

»Fast wäre Julian ins Wasser gefallen«, ergänzt sein Freund.

»Leon hat mit einem Ast nach einer Katze geschlagen!«, übernimmt der Jüngste wieder, und für einen Moment bleibt mein Herz stehen.

»Aber er hat nicht getroffen«, fügt die Mittlere hinzu, woraufhin ich erleichtert aufatme. »Stattdessen hat er Frederik an der Stirn erwischt.« Erneuter Herzstillstand. »Es hat aber nur ein bisschen geblutet.«

Umgehend untersuche ich Frederiks Stirn und atme auf. *Geblutet* ist übertrieben. Er hat lediglich einen kleinen Kratzer. Ein Glück.

Dennoch tupfe ich den dünnen Striemen vorsichtig ab und desinfiziere die Wunde. Sicher ist sicher.

Währenddessen kümmert sich der Mann darum, dass die Meute halbwegs gesittet am ausgezogenen Esstisch Platz nimmt.

Endlich sitzen alle – auch das Astopfer – auf ihren Stühlen. Pommes und Chicken Nuggets verschwinden dermaßen schnell, dass niemand auf die Idee käme, die gleiche Gruppe könnte vor nicht einmal drei Stunden Unmengen an Kuchen in sich hineingestopft haben.

»Warum gibt's keine Cola?«, will Leon wissen.

»Wir haben Sprudel, Apfel- und Orangenschorle und sogar Kindersekt«, zähle ich auf. »Ihr braucht keine Cola.«

»Wir sind doch keine Babys mehr«, ereifert sich Leon. »Kindersekt finde ich doof. Warum gibt's keine Cola? Bei mir zu Hause darf ich davon trinken, so viel ich will.«

Glücklicherweise enthebt mich die Klingel einer Antwort. Der erste Sprössling wird abgeholt, und kurze Zeit später steht unser Flur voller Eltern.

»Frederik?«, höre ich eine aufgeregte Stimme an der Haustür. »Was ist denn mit deinem Gesicht passiert?«

Schnell mische ich mich ein, bevor die Unterhaltung eine unschöne Wendung nimmt. »Beim Geländespiel hat ihn ein Ast gestreift«, erkläre ich besänftigend und verschweige vorsichtshalber, dass sich der Ast zu diesem Zeitpunkt in den Händen von Leon befand. Hoffentlich verrät mich niemand.

»Ein *Ast*?«, wiederholt Frederiks Mutter und wendet sich

besorgt an ihren Sohn, der offenbar gar nicht weiß, wie ihm geschieht. Hektisch fuchtelt sie vor seinem Gesicht herum. »Wie viele Finger halte ich hoch? Siehst du verschwommen? Ist dir schwindlig? Schlecht?«, schießt sie in schneller Folge auf ihn ab, während Frederik abwehrend die Hände hebt.

Glücklicherweise beruhigt sie sich schnell wieder, als sie das gut gefüllte Give-away-Tütchen für ihren Sohn entgegennimmt.

Endlich sind auch die anderen Gäste verschwunden – mit einer Ausnahme. Leon lümmelt auf der Wohnzimmercouch und spielt mit den Geschenken des Jüngsten. Aktuell hält er ein Auto mit Rückziehmotor von Lego-Technic in der Hand und dreht so heftig an einer Stange, die er ins Getriebe gesteckt hat, dass ein schnarrendes Geräusch ertönt.

»Äh, Leon?«, sage ich. »Könntest du etwas vorsichtiger sein? Die Sachen sind neu und gehören dir nicht.«

Leon verdreht die Augen und widmet sich dem nächsten Opfer, einem signierten Fußball, der das Potenzial hat, das komplette Wohnzimmer in Mitleidenschaft zu ziehen.

Entnervt stelle ich fest, wie lang zehn Minuten sein können, wenn man versucht, einen Gast von der Zerstörung von Geschenken und Einrichtung abzuhalten. Nach einer gefühlten Ewigkeit klingelt es an der Tür, und als Leon das Haus verlässt, bin ich kurz davor, die Sektkorken knallen zu lassen.

Nach dem gemeinsamen Aufräumen sitzen wir noch lange auf der Couch und genießen die entspannte Stimmung nach getaner Arbeit. Wieder einmal haben wir eine Herausforderung als Familie gemeistert und zusammen ein tolles Projekt gestemmt. Sogar ohne größere Schäden an Möbeln oder Gästen, diverse Kratzer und das kaputte Glas mal ausgenommen. So etwas funktioniert nur, wenn jeder seinen Teil beiträgt. Ich weiß meine Chaostruppe immer zu schätzen, aber in diesem Moment liebe ich sie ganz besonders.

»Und, war das ein guter Tag?«, frage ich, als ich das Geburtstagskind zudecke und ihm einen Kuss auf die Stirn drücke.

»Ja, war echt toll«, erwidert er gähnend. »Aber die Party bei Colin war einfach die coolste.«

»Was habt ihr da gemacht?«, hake ich nach und frage mich gleichzeitig, was um Himmels willen *cooler* sein könnte als eine Verbrecherjagd mit anschließender Siegesfeier.

»Der hat von seinen Eltern ein neues Autorennspiel für die Wii bekommen. Wir durften den ganzen Nachmittag lang zocken. Außerdem gab's Cola.«

Erste Hilfe

Fünf Strategien, auf die Sie zurückgreifen können, wenn ein minderjähriger Geburtstagsgast zu anstrengend wird.

1. Die »Am Kuchen überfressen«-Taktik

Diese Strategie bedarf einiger Recherche, denn Sie müssen bereits im Vorfeld das Kind mit Konfliktpotenzial erkennen und ausspionieren. Dadurch entlasten Sie allerdings die Geburtstagsparty enorm.

Erkundigen Sie sich nach Lieblingskuchen und favorisierten Süßigkeiten Ihres Opfers. Gehen Sie in den Supermarkt, kaufen Sie ein und backen Sie, was das Zeug hält. Je mehr Sie auftischen, desto besser.

Auf der Party selbst ernten Sie die Früchte Ihrer Arbeit. Während die anderen Kinder noch im Garten spielen, darf Ihr Opfer bereits ans Buffet, wo es sich an all den Köstlichkeiten hemmungslos überfressen wird.

Müde und zu träge, um sich zu bewegen, können Sie es dann auf der heimischen Couch zu einem Mittagsschläfchen zurücklassen, während Sie mit dem Rest zum Geländespiel aufbrechen.

2. Die »Hoppla, in der Kinderbowle war Alkohol?«-Taktik

Der Vorteil dieser Variante ist, dass Sie sie sehr spontan anwenden können. Außerdem ist sie ohne größere Vorbereitung umsetzbar und wirkt bei allen Kindern zugleich. Ein nicht zu unterschätzender Vorteil.

Sie brauchen lediglich möglichst süß schmeckenden Alkohol, den Sie im richtigen Moment zum Einsatz bringen.

Wichtig ist dabei die Menge. Ist es zu wenig, sind Ihre kleinen Gäste völlig von der Rolle und zerlegen im schlimmsten Fall in bester Laune Ihr Wohnzimmer. Ist es zu viel, könnte es sein, dass die Kinder nicht mehr wachzubekommen sind und im Delirium auf dem Boden herumliegen, wenn ihre Eltern zum Abholen erscheinen. Mit der richtigen Dosierung ist diese Taktik Gold wert. Wer träumt nicht von einem Kindergeburtstag, auf dem die Gäste nichts schmutzig machen, keinen Kuchen oder Getränke verlangen und einfach nur schlafend auf den verschiedenen Einrichtungsgegenständen herumhängen?

3. Die »Vorhin war er noch da«-Taktik

Planen Sie eine Schnitzeljagd in einem großzügigen Waldgebiet. Dabei sollten Sie die Gruppen so häufig mischen, dass irgendwann niemand mehr weiß, mit wem er eigentlich unterwegs ist. Geben Sie dem Opfer einen besonderen Auftrag, wie zum Beispiel: Suche eine blaue Blume, die zwischen zwei gelben Blumen wächst. Nutzen Sie die Gelegenheit, wenn das Opfer zwischen den Bäumen herumirrt, und rufen Sie zum Heimweg auf. Versammeln Sie schnellstmöglich alle Kinder – bis auf eins – um sich und verlassen Sie fluchtartig den Wald.

Folgende Aussage können Sie für das später zwangsläufig stattfindende Elterngespräch als Vorlage nehmen. Es wird bitter nötig sein, dass Sie glaubwürdig auftreten.

Sie: »Ich hatte gerade durchgezählt, kein Kind fehlte. Anschließend sind wir langsam nach Hause geschlendert. Im Abstand von fünfzig Metern haben wir überprüft, ob alle da sind. Immer wieder! *(Fahren Sie sich verzweifelt durch die Haare.)* Ich kann mir nicht erklären, wo er abgeblieben ist!«

4. Die »Alternativprogramm«-Taktik

Für diese Strategie benötigen Sie zwei verschiedene Räume und kein Mitgefühl. In dem einen Zimmer finden die spaßigen Spiele für die Kindermeute statt. Im anderen gibt es ein Alternativprogramm für verdächtige Partygäste, die normalerweise dadurch auffallen, dass sie zu aufgedreht sind.

Während die normalen Partygäste das geplante Programm durchlaufen, beschäftigt sich die andere Gruppe mit Mandalas und Konzentrationsübungen – damit tun Sie auch den Eltern einen Gefallen.

5. Die »Pure Gewalt«-Taktik

Fesseln Sie den nervigen Gast und lassen Sie ihn anschließend abholen.

Mein Geheimtipp: Käsekuchen

Dieser Käsekuchen ist garantiert der Renner auf jedem Kindergeburtstag und zusätzlich spielend leicht zubereitet.
Käsekuchen

Zutaten
Mürbeteig
259 g Mehl, 1 Prise Salz
125 g Margarine
60 g Zucker
1 Ei

Füllung
750 g Magerquark
200 g Zucker
3 Eigelb, 3 Eiweiß
1 Päckchen Vanillepuddingpulver
1/8 L Milch

Zubereitung
Zutaten für den Teig zusammenführen und verkneten. Anschließend kaltstellen.
Quark, Zucker, Eigelb, Puddingpulver und Milch glattrühren.
Eine Springform einfetten und den Backofen auf 175 Grad
vorheizen. Den Teig nun so in die Form platzieren, dass ein
ca. 4 cm hoher Seitenstreifen geformt wird. Die Quarkmasse
anschließend in die Form füllen und alles glattstreichen. Etwa
60 Minuten backen.

Zehn Dinge & mehr

Zehn Dinge, die sich mit einem Kind im Haus ändern

1. Man räumt zu 99 Prozent Chaos auf, das man selbst nicht verursacht hat.
2. Die Süßigkeiten an der Kasse sind auf einmal der schlimmste Feind. (Obwohl – das waren sie eigentlich schon immer!)
3. Man kennt alle öffentlichen Toiletten der Stadt.
4. Pünktlichkeit wird plötzlich zu einer schier unmöglichen Herausforderung.
5. Es gibt jetzt viermal die Woche Nudeln. Mindestens.
6. Das schicke Cabrio mutiert zum Siebensitzer-Taxiunternehmen.
7. Man kennt die Namen aller Lego-Ninjas auswendig.
8. Ohne Vorwarnung wird man zu Manager, Koch, Streitschlichter, Chauffeur und zur Vorzimmerdame. Ohne Bezahlung, versteht sich.
9. WhatsApps und Nachrichten werden jetzt auch nachts um drei verschickt.
10. Zwei Stunden Ruhe erscheinen plötzlich wie der Himmel auf Erden.

*Die Top Ten der Aussagen, um die kein Elternteil herum-
kommt*

1. Nein, das Ding bleibt aus. Geh doch mal an die frische Luft.
2. Kein Eis jetzt. Es gibt gleich Abendessen.
3. Mach deine Hausaufgaben.
4. Es ist mir egal, wer angefangen hat.
5. Ich sag's jetzt zum letzten Mal.
6. Räum dein Zimmer auf.
7. Probier es doch zumindest. Wenn's nicht schmeckt, musst du's auch nicht essen.
8. Mir egal, ob das die anderen dürfen.
9. Und wenn der Marco von der Brücke springt? Springst du dann hinterher?
10. Weil ich es sage!

Zehn Dinge, die sich mit einem Teenager im Haus ändern

1. Man muss beim Shopping plötzlich die dreifache Menge bezahlen, obwohl man selbst nur wenige Stücke kauft.
2. Die Termine richten sich nicht mehr nach dem eigenen Kalender, sondern nach dem Zeitplan des Teenagers.
3. Eine WhatsApp oder eine Nachricht aufs Handy hat eine höhere Chance auf eine Antwort als ein Ruf durchs Treppenhaus.
4. Plötzlich gibt es Bereiche im eigenen Haus, die man nicht mehr betreten darf. Das können verschiedene Zimmer, die Garage oder im schlimmsten Fall auch das Bad sein.
5. Teilweise werden Informationen in einer fremden Sprache übermittelt, die man erst nach der Befragung einschlägiger Suchmaschinen entschlüsseln kann. Die Frisur ist on fleek und damit einfach tight. YOLO ist das neue Carpe diem.
6. Man freut sich über allgemeines Genörgel. Das ist immerhin eine Form von Aufmerksamkeit.
7. Egal, was man im Kühlschrank deponiert und mit Namenszetteln versieht – wenn man es auch nur für eine halbe Stunde unbeaufsichtigt lässt, ist es garantiert weg.
8. Das WLAN-Passwort wird zur brisanten Information, die der höchsten Geheimhaltungsstufe unterliegt.
9. Jede Aufforderung wird entweder ignoriert oder mit »Jetzt nicht« beantwortet. Generell beginnt eigentlich jeder zweite Satz mit dem Wort »Aber«.
10. Man muss damit klarkommen, dass es nicht das Kind ist, das sich verändert hat. Man selbst ist einfach peinlich geworden, obwohl man sich genauso verhält wie zuvor.

Die Top Ten der Aussagen, um die kein Teenager-Elternteil herumkommt

1. Zieh dich anständig an.
2. Es ist egal, dass du 14 bist, der Film ist ab 16, und dafür gibt es gute Gründe.
3. Als ich in deinem Alter war ...
4. Du gehst nicht in den Club. Die sind ab 18.
5. Hier sieht's ja aus, als hätte eine Bombe eingeschlagen.
6. Du kannst den letzten Joghurt gerne nehmen. Aber sag doch bitte Bescheid, dass wir neuen brauchen.
7. Schau mich an, wenn ich mit dir rede. Dein Handy kannst du nachher checken.
8. Ich bin deine Mutter. So kannst du mit deinen Freunden reden, aber nicht mit mir!
9. Solange du die Füße unter meinen Tisch stellst ...
10. Ende der Diskussion.

Zehn Gedanken zum Thema »Wo stehen wir als Paar?«

1. Es ist unmöglich, dass eine Partnerschaft ausschließlich aus Harmonie und Glücksmomenten besteht. Nichts kann immer nur schön sein, und jedes Paar hat mit Schwierigkeiten zu kämpfen.

2. Uneinigkeiten und Probleme gibt es überall. Keine Beziehung ist perfekt. Vielleicht ist es genau das Unperfekte, was das Leben so lebenswert macht.

3. Wir suchen zusammen nach Kompromissen, sodass wir auch härtere Zeiten als Team überstehen. Gerade dann darf man nicht vergessen, dass es dem Partner genauso geht.

4. Humor und Akzeptanz lösen zwar keine Probleme, aber sie sorgen dafür, dass man gemeinsam lachen kann. Und das ist viel wert.

5. Alles überdauernde Schmetterlinge im Bauch sind ein Mythos. Ganz ehrlich, manchmal ist man von allem genervt und sehnt sich nach privater Zeit, die man nur für sich alleine hat.

6. Mehrmals in der Woche Sex klappt höchstens im Urlaub. Spaß im Bett ist zwar ein wichtiger Aspekt in der Beziehung, aber es ist eben nicht alles. Die Wahrnehmung von Männern und Frauen geht oft auseinander. Während es für ihn eine willkommene Erholung bedeutet, ist es für sie zwar Spaß, aber eben keine Entspannung.

7. Keine Angst vor Veränderungen, auch wenn sie im ersten Moment unangenehm oder sogar angsteinflößend wirken. Hier helfen Zuversicht und Vertrauen dabei, die Veränderungen als Chance wahrzunehmen.

8. Es ist okay, das Konzept Familie von Zeit zu Zeit infrage zu stellen und an allem zu zweifeln. Wichtig ist, trotzdem durchzuhalten. Jeder Konflikt lohnt sich und zieht eine Entwicklung nach sich.

9. Als Paar mit Kindern hat man vielleicht weniger Zeit für sich selbst, aber man lernt, diese viel intensiver wahrzunehmen und zu nutzen.

10. Familie ist nicht immer nur Spaß, aber sie ist das Existenziellste, das Wichtigste, das Tollste auf der Welt.

Wie wär's mal wieder mit 'nem Quickie?

Ruhe!
Zeit zum Durchatmen nehmen. Das können zehn Minuten an der frischen Luft, ein Powernap oder wildes Tanzen zum Lieblingssong sein. Hauptsache ist, mal den Kopf freizukriegen.

Wellness!
Eine Quarkmaske auftragen, einen Chai-Tee mit einem Schuss Mandelmilch trinken oder eine schnelle Maniküre. Zur Abwechslung mal an sich selbst zu denken ist völlig in Ordnung.

Entspannung!
Ein heißes Bad einlassen. Darin einen Liter Vollmilch, Kokosöl und zwei EL Bienenhonig auflösen und mit getrockneten Rosenblättern bestreuen. Das hat schon Cleopatra gemacht, und es ist eine Wohltat für Haut und Psyche.

Essen!
Kokoscreme mit Ahornsirup und Vanillearoma mischen und kurz aufschlagen, anschließend frische Beeren darauf verteilen. Dauert nicht lange, schmeckt aber wie im Urlaub.

Liebe!
Fünf Minuten Familienkuscheln. Mann, Kinder und Hund schnappen und ab auf die Couch. Dieses Zusammensein kann Wunder wirken.

(Nicht) Abschalten!

Fernsehen im Bett und dabei einschlafen, auch wenn die Psychologen davor warnen. Wunderbar entspannend und genau das Richtige, um mal nicht zu grübeln.

Fünfzehn ganz persönliche Fragen & Antworten

1. Wie mich mein Mann vom totalen Familienchaos ablenkt
   - Mit einer innigen Umarmung und einem Kuss. Oder mehreren.
2. Wie man einen turbulenten Familienvormittag übersteht
   - Mit einem mit viel Liebe gemachten Latte Macchiato.
3. Warum der Entertainment-Faktor von Kindern unschlagbar ist
   - Weil sie so herzerfrischend spontan, fantasievoll und ehrlich sind.
4. Wieso das Gespräch mit anderen Eltern nützlich ist
   - Weil es beruhigend ist zu erkennen, dass man nicht alleine im Chaos sitzt, und weil es oft hilfreiche Tipps gibt.
5. Wann man unbedingt daran denken sollte, dass man ein Paar ist
   - Immer!
6. Wie man mit der Herausforderung Handy & Co. umgeht
   - Mit viel Rotwein. ;)
7. Warum es auch mal gut ist, unterschiedlicher Meinung zu sein
   - Weil Männer sowieso immer recht haben und weil Streiten auch Spaß macht; die anschließende Versöhnung natürlich auch.
8. Wo wir uns am liebsten verstecken, wenn der Kindertrubel zu viel wird
   - Zu Hause keine Chance, die kleinen Pestbeulen folgen einem überallhin. Im Notfall ins Lieblingshotel.

9. Warum gemeinsames Shopping Spaß machen kann
   – Weil mein Mann der beste Shoppingberater ist und sogar noch Spaß dabei hat.
10. Warum der Mann auch mal alleine ausgehen muss
    – Damit er mal völlig ungehemmt über seinen Männerquatsch reden kann.
11. Wie ich meinen Mann rumkriege, doch mit in den Freizeitpark zu fahren
    – Muss ich gar nicht, denn er ist das größte Kind von allen.
12. Warum man erst mit Kindern merkt, dass man als Paar unschlagbar ist
    – Eher im Gegenteil, aber Spaß macht's trotzdem.
13. Wer in unserer Partnerschaft wirklich die Hosen anhat (die Kinder natürlich)
    – Mein Mann sagt, ich habe die Hosen an … aber er ist der Gürtel.
14. Was wir immer nur zu zweit machen werden (außer Sex)
    – Noch mehr Sex!
15. Warum eine Familie das Beste ist, was einem passieren kann
    – Weil es für uns einfach so ist.

Familienunterhaltung auf mittlerem Niveau

Andrea Harmonika
JEDEM ANFANG WOHNT
EIN VERDAMMTER
ZAUBER INNE
Vom Sinn und Unsinn
mit Kindern
256 Seiten
ISBN 978-3-404-60967-3

Andrea Harmonika leidet unter emotionaler Inkontinenz, faltet Jugendliche im Schwimmbad zusammen und zieht in ihrer Freizeit liebevoll Gemüse groß, das ihre Kinder dankend ablehnen. Manchmal fragt sie sich, ob aus ihnen wirklich verpimpelte Sitzpinkler werden, wenn sie auf jeden Kratzer ein Piratenpflaster klebt und findet, dass früher alles anders, und nicht besser war. Brüllend komisch und mit schmerzlich hoher Treffsicherheit nimmt die 2-fache Mutter jeden noch so wunden Punkt ihrer Elternschaft aufs Korn. Ein Muss für alle Eltern und solche, die es werden wollen.

Bastei Lübbe